Feliz-cetonuria

Feliz-cetonuria
Las recetas del Capitán Salsa de Tomate

YANITA REYNALDO OMS

SEQUOIA

Feliz- cetonuria. Las recetas del Capitán Salsa de Tomate
YANITA REYNALDO OMS

Sobre la presente edición:
Yanita Reynaldo Oms, 2024
Sequoia Editions

Edición: Odalys Calderín Marín
Diseño de cubierta: Yander Águila Fernández
Diseño interior y maquetación: Eduardo Rodríguez Martínez

email: publicatulibro@sequoiaeditions.com

 @sequoiaeditions

 Sequoia Editions

Índice

El día que decidí que haría un libro no fue pensando en que yo lo necesitaba, sino en cuánto lo necesité. Dedico estas páginas, con todo mi amor, a todas las familias con niños fenilcetonúricos, en especial, a los de Cuba.

Agradecimientos

A Dios, por darme esta misión profunda y amorosa.

A Lucas, por ser mi maestro.

A Adrián, por ser el mejor papá del mundo.

A nuestras familias, por el apoyo, el cuidado y el amor.

A nuestros amigos, por estar siempre.

A nuestros vecinos.

A compañeros de escuela y de trabajo.

A los doctores, las enfermeras, los terapeutas.

A cada persona con la que hemos coincidido en estos nueve años, física y virtualmente.

A mi abuelo Elio, que dedicó su vida a mantener unida a nuestra familia y cosechar la tierra que nos alimentó. Gracias por mostrarme que, al contrario de como pensamos, no te fuiste al cielo, ahora labras cada día en mi corazón. Tendremos una finca, viejo, y cada surco llevará tu nombre.

Palabras al lector
Amar es el Milagro

Este libro se llamaba *La historia de Lucas* hasta una tarde de febrero en la que tuvimos la siguiente conversación:

—Mamá, hoy pasa una estrella fugaz. Vamos a pedir un deseo. ¿Te gustan las estrellas fugaces? Mi deseo va a ser no tener PKU.

Me soltó todo eso en ráfaga y a mí, con años ya en esto, se me oprimió el pecho. Aparentemente serena lo único que se me ocurrió decir fue:

—Muy bien. Yo voy a pedir que siempre estés sano. ¿Por qué no quieres tener PKU? —le pregunté en un intento para hurgar más en esa idea.

—Es que quiero comer carne... —me respondió.

Pido perdón anticipado a las madres y padres que me leen, la única salida que tuve en ese momento fue decirle que a menudo los niños pequeños se enferman y, sin embargo, a él jamás le ocurría porque comía muy sano. Lucas entonces me dijo como se llamaría el libro, sin mucho esfuerzo, como si algún duende mágico le hubiese susurrado al oído: "Feliz-cetonuria".

Evidentemente, él es más sabio que yo.

Prólogo

Conozco a la autora de este libro hace más de quince años, pero, sinceramente, no recuerdo el momento exacto en el que comenzamos nuestra amistad. Tampoco el instante en que se formaron los lazos que hoy, después de tantos años, aún nos unen. Intento no olvidar las primeras confidencias, los primeros llantos y logros.

Fue en aquella universidad, con más de diez mil estudiantes, cuando nos escogimos para transitar juntas ese camino y nuestras vidas de manera general.

Cuando me dio la noticia de que quería que yo hiciera el prólogo, no lo podía creer. Lloré, agradecí y a la fecha de hoy he escrito tantos borradores que me ha tocado buscar en documentos y documentos para conformar mis ideas.

Este libro tiene un significado muy especial para mí. Estuve presente cuando surgió la idea, he probado muchas de las recetas que lo conforman, pero, sobre todo, es un libro surgido desde el amor más profundo.

Ninguna madre está preparada para la enfermedad de un hijo. Es un espejo en el que nadie quiere verse. Lucas, en algunos casos como pocos niños y en otros, como muchos, padece fenilcetonuria, un trastorno genético raro caracterizado por la incapacidad del cuerpo para metabolizar la fenilalanina, un aminoácido presente en muchos alimentos que contienen proteínas.

Aún recuerdo las emociones ante la noticia, el desconcierto, la frustración, la tristeza. En mi mente optimista todo se iba a solucionar y aquello sería solo un mal recuerdo.

Escuché la palabra fenilcetonuria por primera vez con Lucas, y me tomó meses aprendérmela y pronunciarla.

"¿Por qué a mí? ¿Por qué a nosotros? ¿Por qué a mi hijo?", me preguntó Yani una vez y yo, incluso, sin entender la magnitud de mi respuesta le respondí: "¿A quién entonces? ¿Por qué no a ti?".

El resto vino más bien como parte misma de la resiliencia del ser humano, como parte del proceso de aceptación. Todos comenzamos a estudiar un poco sobre la fenilcetonuria, a vivir mirando el índice proteico de todos los productos que nos encontrábamos en las tiendas. Lo que entrara entre los valores previstos, se compraba sin contemplaciones y se guardaba para Lucas.

Nuestro niño crecía como un niño feliz, la mamá de Lucas comenzó a crear recetas, diversas, con un sabor exquisito, llenas de colores, que nos apetecían a todos. Siempre que olías y veías la comida de Lucas, querías probarla junto a él. Con cada creación, Lucas sorprendido, maravillado, no lograba sentir curiosidad ante la comida del resto.

Con el tiempo entendimos que la mejor forma de estar preparados es valorar la diversidad como parte de lo cotidiano. Apreciar a cada ser humano por sí mismo. Ver a Lucas como el niño hermoso, saludable, feliz y de buen corazón que es. La mirada puesta en lo que es, quién es y no en lo que no puede hacer o comer, en este caso.

Siempre he esperado que aparezca la cura, que un buen día, con los avances de la ciencia, las personas con PKU, al igual que muchas otras enfermedades tengan finalmente su sanación. Sin embargo, hace tiempo vi a una muchacha con discapacidad hablando de su condición y entre otros comentarios decía que: "Curarse es aprender a convivir con lo que nos pasa"... "Hacer más fácil lo que ya es difícil"...

Y este libro viene a eso. Más que una recopilación de recetas, es un testimonio de perseverancia y resiliencia. Es un homenaje a la fuerza del espíritu humano y a la capacidad de transformar el dolor en amor.

Confío en que servirá de inspiración a muchas otras madres y personas en general, a enfrentar sus propias batallas con valentía y esperanza. Este libro es un viaje de sabores, emociones y experiencias. Que cada plato sea un recordatorio de la belleza y la diversidad que nos rodea, y de la fuerza inquebrantable del espíritu humano, pero, sobre todo, del amor. No hay dudas: *Amar es el milagro*.

VILMA LA ROSA

El amor después del amor

Si tuviera que elegir un año para renacer, sería el 2014. En tan solo 12 meses conocí a Adrián de una manera poco convencional, debería hacer una breve historia, quizás también pueda mostrar el camino a otros que no creen en esos amores que a veces suelen ser inalcanzables o poco realistas.

Adrián y yo nos conocimos por Facebook a través de una amiga en común. Él estaba en Venezuela y yo en La Habana, de alguna manera que no puedo explicar, terminamos conectando muchísimo. Luego, empezaron a aparecer las causalidades: habíamos estudiado los dos en el IPVCE de Camagüey en el mismo período, en la universidad compartíamos un montón de amigos, vivíamos aproximadamente a seis cuadras, nos íbamos en las mismas guaguas para la UCI y no recordábamos habernos visto. Mi teoría es que sí nos miramos, pero no nos vimos.

Nuestros momentos de conversaciones virtuales se fueron extendiendo, pasábamos horas escribiéndonos. A ciencia cierta lo pienso hoy y no sé cómo lo logramos, pero lo cierto fue que con el paso de los días era necesario irme al laboratorio y sentarme durante horas en aquella computadora, por cuatro largos meses. Hay cosas que no recuerdo bien cómo sucedieron, pero tengo la certeza de que ese tiempo de conocernos "por dentro" sin intervenciones ni contacto físico fue una base bien sólida en nuestra historia.

Un día de febrero Adrián regresó a Cuba en un viaje que le tomó un montón de horas, yo lo esperaba desde temprano, tan nerviosa, las interrogantes rondaban mi impaciencia: y si no nos gustábamos entonces físicamente, y si no nos entendíamos, y si nuestros olores eran antagónicos, y todo lo que aparece en la mente cuando vas a encontrarte con alguien a quien solo has visto de manera virtual. Tan nerviosa estaba esperando que cuando tocó la puerta no abrí, me quedé inmóvil en el sofá, y entonces él fingió que bajaba las escaleras, en ese momento yo no sabía que Adriancito era tan "bicho", aunque así le decía, me lo creí y abrí rapidísimo la puerta. Una sonrisa y un abrazo es lo primero que recuerdo, un abrazo muy fuerte, con un olor muy rico, admito. Lo demás, ha sido nuestra vida compartida desde ese día, hace ya poco más de diez años, hasta hoy.

La noticia del embarazo de Lucas llegó a los tres meses de nuestra relación, recién graduada de la universidad. Fueron muchos cambios en mi vida, y por mucha conexión que Adrián y yo tuviésemos, lo cierto es que éramos dos personas que aún estaban descubriéndose.

Todavía recuerdo mi cara asustada y la de él, eufórica. Yo quería entenderlo, pero no lo sentía igual, solo pensaba que no era el momento y a la vez, su seguridad, su alegría, su ecuanimidad, junto al apoyo de toda la familia, que nos hizo saber su entusiasmo, hicieron que dejara de dudar y disfrutara el proceso.

Mi embarazo fue hermoso, salvo algunos desmayos inadecuados porque mi presión arterial descendía, no tuve otro síntoma ni malestar. Habíamos decidido que, aunque viviéramos hasta ese momento en La Habana, queríamos que el niño naciera en nuestra ciudad natal. Tener la familia, y que lo disfrutaran, fue algo que nunca pusimos en duda y así nos aventuramos a ser papás, cuando en realidad era tiempo de ser novios.

Nuestro bebé llegó antes de lo previsto, nació a las treinta y cuatro semanas. Así fue como, en solo un año, mi vida dejó de ser solo para mí y, un veintisiete de diciembre comenzó "La Historia de Lucas".

Los primeros veinte días fueron desafiantes, o al menos eso pensaba en ese momento. Debido a la prematuridad, no pude estar con mi hijo durante los primeros tres días, ya que necesitaba cuidados intensivos. A los cinco días, enfrentó su primera prueba, el famoso pinchazo del talón, acompañado por una pediatra que, al examinar su manita, notó un pulgar cortical. Al preguntar, me explicó que esto indicaba algún "problema cerebral". A los ocho días lo sometieron a una prueba de oído alterada, que inicialmente sugirió problemas auditivos, pero más tarde se demostró que tanto el pulgar como la prueba auditiva fueron errores. Estuvimos ingresados casi un mes hasta que nuestro bebé alcanzó las seis libras, momento en el que, finalmente, pudimos llevar la bendición a casa. Toda la familia rebosaba de felicidad.

Dos semanas después, recibimos una llamada del Centro de Genética Provincial informándonos que la prueba del talón había dado un resultado alterado y necesitábamos repetirla. Asistimos puntualmente al contranálisis y recibimos las primeras explicaciones de lo que más tarde resultaría ser inexplicable: fenilcetonuria. Una palabra impronunciable, indescifrable y completamente desconocida. Sin embargo, no todo fue sombrío; la inmadurez del hígado, provocada también por la prematuridad, podría haber causado un resultado atípico. Así que esperamos otras dos semanas hasta que llegó el segundo resultado, también alterado, que nos llevó de vuelta al hospital, esta vez al hospital Pediátrico de Camagüey. Quince días de análisis, ultrasonidos, electrocardiogramas y una serie de pruebas adicionales para identificar cualquier otra anomalía que pudiera explicar los resultados. Fue en esta etapa cuando tomamos la primera decisión desesperada y buscamos en Internet sobre la enfermedad que amenazaba con arrebatarnos la felicidad. Cada caso parecía peor que el anterior, cada desenlace conducía a un niño con eczemas en el cuerpo o a un bebé que, de "sano", se convertía en un niño con retraso mental irreversible. En medio de esa tortura llegó el tercer resultado y con él, el llanto más desgarrador. Lucas fue diagnosticado con Fenilcetonuria Clásica (PKU, por sus siglas en inglés), la forma más grave. El mundo se desmoronó.

Frente a la sugerencia de algunos médicos de repetir un cuarto análisis y esperar otro resultado, con lágrimas en los ojos y el alma destrozada, optamos por la valentía y pedimos una remisión a la capital. Ya sabíamos que, si no se trataba antes de los seis meses, un retraso mental severo sería inevitable. Así fue como llegamos al hospital Pediátrico de Centro Habana. En mi desesperación observaba el lugar, me parecía en mi desasosiego que las personas caminaban con prisa por aquellos pasillos inmensos. No comprendíamos aún lo que comenzábamos a vivir hasta que, por eso que llamamos milagro o que el universo está conspirando a nuestro favor, llegamos a las prodigiosas manos del doctor Ulises. Con su sabiduría y la certeza de que solo la muerte es irrevocable, logró en diez días devolvernos la esperanza. Fue un largo camino comprender por qué nos sucedió a nosotros, cómo dos portadores sin saberlo pudieron enamorarse, y a pesar de que solo había un 25 % de probabilidad de que lo heredara, sumado al hecho de que ocurre en uno de cada diez mil niños, teníamos dos opciones: volvernos locos o sentirnos extraordinarios.

Aunque los meses fueron difíciles y la tristeza parecía interminable, encontramos apoyo en nuestra familia, amigos, la doctora Toñita, que se ocupó de todas sus consultas mensuales y la enfermera Grisell, creo que se llamaba, y una fisioterapeuta muy especial, "Baby, la cieguita de Previsora", como la llaman que, aunque no ve con sus ojos, tiene suficiente retina en el alma. Gracias a ellos, poco a poco comprendimos que no todo estaba perdido y que, siguiendo las recomendaciones, los cuidados y una dieta estricta, nuestro hijo no solo sería un niño normal, sino saludable.

Lucas ya cumplió nueve años. Ha superado cada uno de los hitos del desarrollo psicomotor a su propio ritmo.

Es un niño extremadamente feliz, amable y querido, que ha transformado la vida de todos nosotros. Ahora, nadie que lo conozca puede ir al supermercado sin revisar las etiquetas de los alimentos para asegurarse de que sean aptos y hacer un descubrimiento especial para él.

Por esta razón, y con el propósito de ayudar a otros padres que comienzan este difícil viaje, al enfrentar la negación y la desesperación, he decidido compartir nuestra historia. Intentaré responder a la avalancha de preguntas desde la perspectiva de una madre, evitando el uso de términos académicos. Les alegrará saber que ya existen cientos de alimentos sintetizados que hacen la vida de los niños fenilcetonúricos más placentera. Estos alimentos suelen ser costosos, por eso con un toque culinario creativo y emocionada, comparto con todos ustedes "recetas reinventadas" de las mujeres de mi familia y mis mágicos libros de cocina. He eliminado los ingredientes perjudiciales y los he sustituido por otros, para que la comida de nuestros niños no sea más difícil ni monótona.

Un niño con PKU no es simplemente un niño con una dieta restringida y diferente; es un niño que merece amor y cuidado. Dios elige a nuestras familias para cuidar de estos ángeles especiales. Ellos necesitan personas sensibles como ustedes, que, con amor, los acompañen en su camino.

Con cariño,
La mamá de Lucas

Capítulo II

¿Cómo enfrentar la noticia?

Cuando los azares del destino te ubican en un territorio desconocido, puedes negarlo, victimizarte, quejarte, desentenderte, aceptarlo, podrás reaccionar de muchas maneras que, a pesar de todas, hay una verdad innegable: la vida ha dado un giro inesperado, y ahora el desafío más grande será saber qué tan fuerte es eso que nos define, como individuos y como familia.

Son varias las formas de enfrentarse a esta nueva realidad. Algunas menos intensas que otras, pero todas muy comprensibles.

En nuestro caso comenzamos negándolo. Pensando que era un error, que no podía ser. Ni siquiera entendíamos lo que nos decían: enzimas, aminoácidos, portadores, mutación genética... ininteligibles palabras para dos padres jóvenes con la única pretensión de tener un hijo amado y sano.

Nos molestamos. Así fue la reacción ante aquella doctora que nos habló como si fuera obvio lo que estaba pasando, tan natural como cambiar el chip y comenzar a actuar en consecuencia. ¿En consecuencia de qué?, si no entendíamos. Apenas había pasado mes y medio del nacimiento de Lucas y ya lo único que nos repetían es que era para toda la vida.

Buscábamos un sosiego. Tratamos de inventar a ese experto que nos sacara de la pesadilla, que nos confirmara que todo había sido un error o que tenía solución.

Otra forma de reaccionar es hundirse y autocompadecerse. Este es el caso de los padres que se bloquean y ese muro los hace olvidar que siguen teniendo un hijo que atender, quien precisa de sus cuidados y su amor. A veces es difícil discernir si realmente sentimos más dolor por nosotros, por cómo será nuestra vida ahora, que por el bebé. La pena es una reacción natural y normal ante lo que sucede, pero la vida no se frena ni ralentiza ante el sufrimiento.

La última fase, entre las que pude identificar, y para mí la más dolorosa e injusta, es la de enfadarse con el niño, con la realidad, con la pareja, con Dios. Este es el caso de los padres que prefieren desentenderse del bebé, o de la pareja, pues la situación no tiene nada que ver con aquello que imaginaron. En su defensa afirman que no están preparados para lo que les ha sucedido.

Como mismo abro mi corazón para contarte los sentimientos oscuros y desesperados que sentí, hoy pongo mi mano en el pecho y puedo decirte que ese momento pasa, ese dolor confuso que parece paralizarte la vida queda atrás.

En el constante caminar para atender a tu niño hallarás el consuelo que buscas. Cuando veas que tu hijo está bien, que el manejo de la medicación y la dieta no es difícil, cuando te encuentres con otros bebés y niños con PKU, sanos y felices, disfrutarás con la normalidad que ahora ves imposible. Pero para llegar a ese punto hay que salir del pozo de la desesperación y centrarse en lo positivo.

Sí, tenemos un niño con fenilcetonuria, es una oportunidad perfecta para crear vínculos especiales que nos unan y demostrarle todo lo que estás dispuesto a hacer por él.

Creo que no seremos malos o buenos por afrontar la situación que nos agobia al partir de una u otra posición. Esto no significa no llorar o sufrir menos, no implica menor sensibilidad ni renunciar al deseo de que las cosas fueran de otra manera, los sucesos son como deben ser, porque el guion ya está escrito, y el plan es perfecto.

Se actúa mientras se asimila porque se es consciente de lo que está en juego. Buscar soluciones concretas que intervienen en beneficio del bebé, documentarse de forma positiva y saber que, con una dieta balanceada, los análisis mensuales como chequeo y un amor sin límites, ganaremos.

Sentirse culpable por el malestar cuando se supone que nos deberíamos sentir bien es de las trampas más oscuras del ego. Recuerda que además de los cambios que experimenta cualquier padre o madre con un nuevo nacimiento, nosotros hemos tenido el estrés añadido de afrontar una situación desconocida por completo, intentar, entre otras cosas, memorizar el nombre de una condición de la que jamás habíamos oído hablar. Por todos estos motivos es muy importante saber que nuestras emociones y conductas son respuestas normales ante esta situación, que no debe ser dolorosa ni estresante. No podemos evitar donde estamos, pero podemos decidir cómo vivirlo. Si alguien no lo entiende es porque, por fortuna, no se ha visto en una situación similar.

Independientemente de la parte médica, que fue difícil, más por lo que representaba la noticia, porque síntomas físicos no tenía ninguno. Sobre el dolor, o la frustración, o las ganas iniciales de que hubiese sido diferente, fuimos muy cuidadosos al criar a Lucas como otro niño de su edad. Evitábamos los comentarios. "bienintencionados" como "pobrecito, y ahora qué come"...

Cuando Lucas entró en etapa de llevarlo al Círculo Infantil, no lo aceptaron por la sencilla razón de que él no podía comer de todo y debíamos llevarle sus alimentos y eso iba en contra de la política absoluta de que al Círculo no se pueden entrar alimentos. Fuimos a varios, incluso a uno que quedaba frente a nuestra casa, sin suerte... o por suerte. Así que yo cuidé a Lucas hasta alrededor de los 2 años, cuando lo pusimos en una guardería privada, y me encantaría recordar el nombre de la señora, porque ella y su familia quisieron demasiado a mi hijo.

En las escuelas siempre hemos recibido comprensión, no sé si porque hemos sido muy claros en las consecuencias negativas de irrespetar su dieta, llevamos los documentos médicos que explican y su lonchera con la comida que necesita. El mayor empeño lo hemos puesto en casa, entendimos que no podíamos dejar la responsabilidad del cuidado de Lucas a otras personas.

Lucas siempre fue un niño cauteloso y tranquilo, nunca daba un paso sin saber antes si era peligroso. No se reía mucho y lo observaba todo. Aprendió a jugar con mis sobrinos que le llevaban 6 y 10 años, creo que eso provocó que luego le costara más trabajo jugar con niños más pequeños que él y aún hoy quiera jugar con todos mis amigos de treinta y un poco más.

Por su condición, porque era amoroso o por la gracia de Dios, Lucas siempre ha sido un niño con una luz notable. Querido por toda la familia, dichoso de haber conocido a cuatro de sus bisabuelos, a sus abuelos, de sangre y de la vida, tías y tíos, primos, vecinos y amigos. Lucas ha sido querido por cada persona que ha pasado por nuestras vidas.

Capítulo III

Aprendiendo sobre la PKU
¿Qué es la PKU?

La fenilcetonuria o PKU es una enfermedad que aparece en un caso de cada diez mil nacimientos aproximadamente. En Cuba su incidencia es mucho menor entre 1 x 45 a 50 000 nacidos vivos. Un médico te diría, con suerte y siendo breve, que es un trastorno hereditario poco frecuente que provoca que un aminoácido denominado fenilalanina se acumule en el cuerpo. La fenilcetonuria se produce como consecuencia de un cambio en el gen de la fenilalanina hidroxilasa. Este gen ayuda a crear la enzima necesaria para descomponer la fenilalanina. Sí, aquí va un emoji de ojitos locos.

La fenilalanina se acumula en el organismo, siendo este proceso dañino para el cerebro. La fenilalanina es un aminoácido (una parte de las proteínas) que necesita de una enzima (un compuesto que ayuda a que una sustancia se cambie en otra) para transformarse en tirosina (un aminoácido fundamental en el crecimiento) y en melanina (un aminoácido fundamental en la pigmentación de la piel y el cabello).

Nuestra primera interpretación de todos estos conceptos científicos era: "Lucas tiene una cosita en el hígado que no procesa las proteínas".

Con el tiempo formulamos mejor el padecimiento:

Lucas tiene una enzima defectuosa en el hígado, encargada de procesar las proteínas. Las proteínas están compuestas por 20 aminoácidos y uno de ellos es la fenilalanina. La acumulación de fenilalanina puede traer diferentes trastornos entre los que se encuentra el retraso mental irreversible. Como en los alimentos no hay manera de separar los compuestos de las proteínas, la cura será siempre la dieta.

También les dejo algunos comentarios y conceptos que nos ofrecieron dos doctores que estuvieron a lo largo de este camino con nosotros y Lucas.

...La fenilcetonuria es una enfermedad del metabolismo innato de las proteínas. Es una enfermedad metabólica que puede aparecer en la etapa de recién nacido, pero también puede surgir en niños menores y hasta en adolescentes y con una sintomatología similar a cualquier otra de las enfermedades, es por eso que cuando un niño presente síntomas de somnolencia o convulsión, o no se pueda hacer un diagnóstico de inmediato, hay que pensar en las enfermedades intrametabólicas.

Los niveles altos de fenilalanina son muy neurotóxicos y traen como resultado el retraso mental, las convulsiones y estos síntomas son irreversibles, por eso es que insistimos tanto en que estos pacientes tengan su diagnóstico temprano. Una dieta oportuna hace que los niños crezcan y se desarrollen de forma normal. Esta enfermedad depende mucho del manejo de los padres, quienes tienen que aprender a manejar el niño y a aportarle los alimentos que ellos necesitan de la mejor manera, porque cuando el padre no entiende que la dieta es lo principal enseguida viene el fracaso terapéutico y viene el fracaso clínico en que el paciente empieza a desarrollar los síntomas de la enfermedad y son síntomas irreversibles.

Dra. Antonia del Valle
Especialista en primer grado Pediatría.
Máster en Atención Integral del Niño.

...Hoy tengo algunos minutos y puedo escribir tres o cuatro cosas que se necesitan para que un padre pueda manejar a un niño con el diagnóstico de Fenilcetonuria Clásica. A qué nos enfrentamos: un trastorno hereditario (IMPORTANTE) no frecuente, que provoca un aminoácido cuyo nombre es FENILALANINA se incrementa en el organismo. Realmente se produce como respuesta a un cambio en el gen fenilalanina hidroxilasa. Su diagnóstico positivo es después de extracción de sangre para detectar ciertos trastornos metabólicos donde se informa un aumento significativo de los niveles del aminoácido fenilalanina. Esto lo hacemos a brevedad del nacimiento, en Cuba diagnosticamos 7 enfermedades que pueden llegar a tener trastornos neurológicos importantes.

Es decir que esta afección puede llegar a desarrollar lesiones en piel, convulsiones e incluso discapacidad intelectual (lentitud en el aprendizaje y sus habilidades).

Tiene dos formas de presentarse: Fenilcetonuria clásica o grave y la Hiperfenilalaninemia.

Dentro de los síntomas pueden aparecer: retraso de habilidades mentales y sociales, hiperactividad, discapacidad mental, convulsiones, lesiones en piel, temblores, tamaño de la cabeza pequeña.

A todo esto, también fuimos enseñados por los padres de Lucas por su maravillosa dedicación, siempre recuerdo con mucho cariño cuando me ilustraron algunos alimentos que se presentaban en nuestras tiendas libres de fenil, eso nos llevó a estudios de mercado del cual hoy tenemos muy buenos resultados.

Creo que estas enfermedades secundarias a errores metabólicos requieren de un gran apoyo tanto de las industrias relacionadas con alimentos con fines de poder ofrecer una alimentación variada a estos niños y así aportarle mejor calidad de vida.

Dr. Ulises Cabreras Cárdenas.
Pediatra intensivista, nutricionista dedicado a enfermedades y Errores Metabólicos.

¿Cuántos tipos de PKU existen?

Los expertos diferencian el tipo de fenilcetonuria que tienen los niños tomando como nivel de referencia la concentración de fenilalanina plasmática en sangre que tenían cuando fue detectado.

PKU clásica. Las concentraciones en el momento del diagnóstico son superiores a 20 mg/dl, en el caso de Lucas fue 26 mg/dl al nacer.

PKU moderada. Las concentraciones en el momento del diagnóstico oscilan entre 10 y 20 mg/dl.

PKU leve. Las concentraciones en el momento del diagnóstico oscilan entre 6 y 10 mg/dl.

Hiperfenilalaninemia benigna. Es una forma muy leve de la enfermedad, con concentraciones inferiores a 6 mg/dl.

Esta clasificación también se tiene en cuenta para el nivel de tolerancia, es decir, la cantidad de fenilalanina que puede tomar diariamente un afectado por la PKU.

PKU clásica. La tolerancia a la fenilalanina es inferior a 350 mg/día.

PKU moderada. La tolerancia a la fenilalanina se encuentra entre 350- 400 mg/día.

PKU leve. La tolerancia a la fenilalanina se encuentra entre 400-600 mg/día.

Hiperfenilalaninemia benigna. No precisa de tratamiento.

¿Por qué tiene mi hijo fenilcetonuria?

Primero porque Dios así lo quiso. Y si no crees en Dios podemos ponerle otro nombre, la vida, el cruzamiento genético... Lo cierto es que desde el instante en el que se unen óvulo y espermatozoide no hay nada más que se pueda hacer, no es algo que sale con el tiempo, es una elección divina desde el primer momento.

Pero si lo analizamos un poquito desde la ciencia, sabemos que es el ADN quien almacena la información que se hereda de los padres, determina el color de los ojos o del pelo, la altura, la inteligencia... y si tendrá o no PKU. Para que un recién nacido presente fenilcetonuria es necesario que el padre y la madre coincidan en la información que transmiten genéticamente. De esta forma, un bebé tiene PKU porque tanto el padre como la madre le transmitieron esa información a su ADN. Ambos somos portadores y no lo sabíamos.

¿Cómo se la descubrieron?

Es posible descubrirla en el análisis del talón, que se realiza a los 5 días de nacido. Por fortuna, es una parte vital en el Programa Materno Infantil cubano y sé que también en Estados Unidos, probablemente ya en la mayoría de los países porque es una prueba realmente importante que detecta esta y otras condiciones genéticas al nacer.

¿Qué problemas presenta un niño con PKU si no se trata?

"Los niños con PKU son aparentemente normales al nacimiento", eso leí por ahí refiriéndose a que no presentan síntomas enseguida y es algo que quiero cambiar durante nuestro viaje por este libro. Los niños PKU son infantes, con una condición genética, sí, pero siguen perteneciendo a nuestro mismo mundo, aunque durante las primeras semanas pueden presentar vómitos e irritabilidad. En el caso de Lucas solo lo supimos por los análisis alterados, jamás presentó rasgos distintivos de los que leíamos o nos preguntaban los doctores.

Es durante el primer año de vida cuando, si no se cumple con una dieta adecuada, que el retraso psicomotor se va haciendo evidente y a partir de los 2-3 años la gran mayoría presenta ya un déficit cognitivo severo. Pueden manifestar, además, epilepsia, torpeza motriz y temblor. Son frecuentes también los trastornos de conducta, como hiperactividad muy marcada y rasgos autistas. En el caso de la PKU esto solo pasa si no se cumple con la dieta y el seguimiento adecuado.

¿Cómo consumen la proteína que necesitan?

Esta es una de las preguntas más preocupantes para las familias. Hemos crecido escuchando lo importante que es comer carne, echarle junto a la malanga un trozo de pollo a los bebés cuando empiezan a comer sus papillas es algo casi obligatorio y necesario. Cuesta mucho entender entonces que la carne, la leche, los frijoles, no son apropiados para los niños fenilcetonúricos.

La fenilalanina y la tirosina son aminoácidos indispensables para la formación de proteínas, las proteínas contribuirán al desarrollo y crecimiento del recién nacido. En este punto, aunque puede parecer confuso es importante entender que tendrán que consumirla, pero de manera restringida.

Al disminuir algo tan importante como es un aminoácido de la dieta, se pueden ocasionar algunos problemas secundarios por lo que la dieta deberá ser adaptada con otros muchos micronutrientes para que resulte lo más completa posible.

Este es el motivo que hace necesaria la utilización de suplementos o fórmulas como XP Maxamaid, Anamix Junior... que aporten al niño el resto de los aminoácidos, fundamentalmente tirosina y micronutrientes.

La manera de elaborarla la indicará tu doctor, a nosotros nos recomendaron prepararla una vez al día, y dividirla en cuatro porciones, tomar una porción en cada comida. Nuestra experiencia personal y la de Lucas nos ha demostrado que se lo toma mejor si es nueva cada vez. Así que tomamos la cantidad de suplemento dividido en 4 y le preparamos tomas nuevas siempre. En este momento Lucas consume una fórmula que se llama Periflex Junior, pero él la renombró "Tata".

Capítulo IV

¿Qué le espera a la vida de mi hijo?

En principio te diría que la vida que le espera a nuestros hijos es igual a la de los otros de su edad. Pero no es así, además de la diferencia en la alimentación que debe mantener, de las revisiones especializadas cada poco tiempo, Lucas ha sido un niño amado, cuidado y mimado por tantas personas que no podría contarlas. A su alrededor ha provocado cambios, hay personas que han entendido lo importante de no consumir ciertos alimentos, han aprendido a sustituir fuentes de proteínas y todos han comenzado a mirar, finalmente, la información nutricional de los alimentos en el mercado. Hemos comenzado a entender lo que comemos.

¿Qué hay que hacer para evitar las consecuencias de la PKU?

Lo primero será entender que mientras más rápido actuemos menos riesgos corremos. El tratamiento se basa en evitar que se acumule, en grandes cantidades, la fenilalanina. La meta será lograr una dieta con contenido bajo en proteínas y suplementada en tirosina. De esta forma se recupera el equilibrio y todo el metabolismo vuelve a funcionar correctamente.

¿Es para toda la vida?

Sí.

Debemos ser muy cuidadosos, no puede ser tema de un día, de unos años, no podrán comer muchos alimentos, como otros niños no pueden hacer otras actividades, o como nosotros mismos, si tenemos algún padecimiento debemos respetar nuestra rutina, así que es indispensable tenerlo incorporado siempre.

Hay alimentos libres de fenilalanina, otros que pueden tomarse con moderación y el resto, que están prohibidos. Se dice que, en edades avanzadas, luego de que el cerebro haya alcanzado toda su madurez, es posible abrir un poco las posibilidades de incorporar algunos de los alimentos medianamente restringidos, sin embargo, a partir de algunos estudios, aparecieron otros síntomas como insomnio y alteraciones.

¿Qué hacer cuando se enferman?

Cuando nuestros niños están enfermos, lo primero será llevarlo al doctor, no debemos automedicarlos, aunque creamos se trate de un catarro pasajero. Es normal que en esos días el organismo se encuentre más vulnerable. Con la fiebre, por ejemplo, los niveles de fenilalanina aumentan, así que debemos ser más estrictos con la dieta. En nuestro caso, notamos que las plantas de sus pies y de sus manos se ponen más amarillas, debido a que hay un descontrol en la transformación de la fenilalanina en melanina, así que, si algo está descontrolado, una forma de saberlo antes de ir al doctor es mirar cómo están los colores en nuestros niños. Algo que hacemos es proporcionarle una cucharada de Emulsión de Escocia (Aceite de hígado de Bacalao), la administración regular de la Emulsión contribuye al mejoramiento de la expresión de su potencial biológico.

Capítulo V

¿Cómo alimentar a un niño PKU?

Esta es una de las preguntas que más se repite y la que más explicamos siempre. En la dieta de una persona con PKU se restringe la fenilalanina buscando el equilibrio entre el consumo necesario como nutriente esencial y lo justo para que no se acumule.

Para saber cómo realizar una dieta baja en fenilalanina es necesario conocer que la mayoría de los alimentos contienen cierta cantidad de proteínas y, por tanto, de fenilalanina. A continuación describimos un resumen de los diferentes grupos:

Carnes, pescados, huevos, frutos secos, legumbres, soja, junto con la leche y sus derivados (queso, yogurt, helados) son los que contienen mayor cantidad de fenilalanina y son, por tanto, alimentos prohibidos o muy restringidos.

Los cereales y las papas contienen menor cantidad de fenilalanina y pueden tomarse, pero siempre de forma controlada.

Verduras, frutas y hortalizas son los alimentos con menor contenido en fenilalanina, son la base principal de la alimentación de las personas con PKU.

Por último, el aceite, los azúcares y los alimentos especiales, sin o con bajos contenidos de fenilalanina no precisan de control en la dieta.

¿Cómo educamos a nuestro hijo respecto a su alimentación?

Lo mejor que hemos hecho ha sido mantener la vida como ha sido siempre. No hace falta mentir. Es importante que el niño sepa que ciertos alimentos son perjudiciales para su salud, y que por eso debe preguntar a mamá o papá antes de llevarse algo a la boca.

Muchas veces escuchamos decirles a los niños: "¡Uy, esto está malo!", haciendo referencia a algún alimento que los adultos no queremos que prueben, aunque esté delicioso. Eso y darle razones para querer probarlo es lo mismo, y en el momento en el que esté a su alcance no dudará en tomarlo y comerlo. Así que, en nuestro caso, preferimos decirle la verdad: "Eso no lo puedes comer porque te hace daño, ¡pero mira, prueba esto que te hizo mamá!".

A veces lo hacemos delante de amigos y todos se quedan mirando qué reacción tendrá Lucas, y les notamos como les duele a ellos, a algunos se les ha escapado algún que otro "pobrecito". Inicialmente fue difícil, recuerdo una etapa en la que dejé inconscientemente de comer carne, helados, dulces, por fuera me sentía con todo el control, por dentro me daba "lástima" comer alimentos ricos que mi hijo no podía. Recuerdo un día que su doctor me dijo: "Él está consumiendo la proteína que necesita y está bien, tú te vas a enfermar y él te necesita sana".

Si hoy me permito decírtelo es porque quiero que sepas que es un estado completamente normal y porque cuando se puede observar y descifrar lo que pasa siempre podrá resolverse. Los niños son muy sabios, y entenderán todo lo que seamos capaces de enseñarles. Es preciso que todo el cuidado no sea en vano cuando crezca, entre a la escuela, en la adolescencia o cuando él tome sus propias decisiones, por eso desde ahora tiene que percibir que come diferente, pero que no es menos feliz por eso.

¿Cómo pesar los alimentos?

Recuerdo las primeras instrucciones en la dieta cuando Lucas cumplió 6 meses e íbamos a comenzar a insertar alimentos: el puré debíamos hacerlo con media malanga, 1 diente de ajo y una cucharadita de aceite, de merienda 2 cucharaditas de compota. Probé un par de días hasta que no me aguanté y comencé a buscar cuánta fenilalanina aportaba esa cantidad de malanga en su dieta teniendo en cuenta su límite de ingesta diario y así lo hice con todos los alimentos que teníamos en casa. En mi investigación encontré una Tabla de Contenido de los Alimentos (TCA) que, aunque era de Chile, nos sirvió de mucho porque describía la cantidad de fenilalanina por grupos de alimentos, decidimos imprimirla y tenerla siempre a mano en la cocina, así comencé a utilizar otros ingredientes, picaba y pesaba pequeños trozos e iba enriqueciendo sus comidas.

Capítulo VI

¿Cómo calcular la cantidad de fenilalanina en los alimentos?

Es importante tener claro la cantidad de miligramos de fenilalanina que pueda consumir el niño, dato que sabrás gracias a tu médico.

Para nosotros fue de mucha ayuda tener una pesa o balanza en casa, pero antes de eso, íbamos a los lugares donde vendían especias por gramaje y pedíamos de favor que nos apoyaran con eso.

Si tienes con qué pesar en casa, es importante que tengas en cuenta algunos pasos:

-Colocar la balanza en una superficie plana, donde pueda mantenerse estable.

-Asegurarse que marque cero.

-Pesar los alimentos tal como se los comerá, es decir, sin cáscara y sin pepas o semillas.

-Pesar los alimentos escurridos eliminando el exceso de líquido.

Llegará el momento en el que casi no lo necesites porque ya te habrás adaptado a las porciones, pero en los inicios todo es nuevo y tendremos que utilizar las herramientas que nos ayuden. Lo ideal es realizar el cálculo de FA a partir de cantidades de alimentos pesados. En la mayoría de los casos, en la información nutricional de los alimentos (que es la etiqueta que vemos atrás y que nunca le hacemos caso), viene la cantidad de proteína, pero no la cantidad de fenilalanina, de ahí que estudiamos qué por ciento de las proteínas representa la fenilalalina, y aprendimos entonces que es aproximadamente el 5 %.

Me encantaría poder explicarte con algunos ejemplos cómo se calcula el contenido de FA de diferentes alimentos:

Ejemplo 1 ¿Cuánta FA hay contenida en 50 g de acelga?

Según la tabla cada 100g de acelga hay 1,88 g de proteínas. Por tanto, si usamos en la colación 50 g, el contenido de proteína se calcularía de la siguiente forma:

1,88 g de proteína (correspondientes a 100 g de acelga) dividido entre 2 (correspondiente a 50 g) = 0,94 g de proteína.

Pero aún no sabemos la cantidad de FA, que es realmente lo que nos interesa, así que calculamos aproximadamente el 5 % del total de proteína, con regla de 3:

Parte/Total = Fracción/ 100 %

X   = 5 %

0,94 g 100 %

Así que multiplicamos 0,94 entre 5 y multiplicamos por 100, sería 0,047 g de fenilalanina (4,7 mg).

De ahí que, en 0,94 g de proteínas que tienen los 50 g de acelga, solo consumirá 4,7 mg de fenilalanina.

Ejemplo 2 ¿Qué cantidad de FA es aportada en los pimientos verdes crudos (50 g)?

Según la tabla, cada 50 g de pimientos verdes aportan 13 mg de FA, por tanto, si usamos 100 g de pimientos, el contenido de FA se calcularía de la siguiente forma:

13 mg FA (correspondientes a media taza) x2 = 26 mg de FA en una taza de pimientos verdes crudos.

Capítulo VII

Hagamos magia en la cocina

Las recetas que les sugiero son, casi todas, aprendidas de las mujeres de mi familia, otras fueron encontradas en maravillosos libros que me acompañan en casa, a las cuales les eliminé los ingredientes que son perjudiciales y los sustituí por otros.

Son recetas que no solo pueden comer los niños con PKU, sino cualquier persona que desee comenzar a incluir platillos saludables en su dieta.

Recetas

Entrantes

¡A cocinar!

Aceitunas aliñadas con ajo

Ingredientes

Aceitunas verdes: 1 taza
Ajo: 2 dientes (finamente picados)
Aceite de oliva: 2 cucharadas
Orégano: ½ cucharadita
Sal al gusto

Procedimiento

En un tazón, mezcle las aceitunas con el ajo, el aceite de oliva y el orégano. Sazone con sal al gusto. Deje reposar durante al menos 1 hora antes de servir para que los sabores se mezclen bien. Sirva como aperitivo.

Pasta de aguacate

Ingredientes

Aguacate: 2 maduros
Ajo: 1 diente (picado)
Jugo de limón: 1 cucharada

Aceite de oliva: 2 cucharadas
Sal y pimienta al gusto

Procedimiento

En un tazón, aplaste el aguacate con un tenedor hasta obtener una pasta suave. Añada el ajo picado, el jugo de limón y el aceite de oliva, y mezcle bien. Sazone con sal y pimienta al gusto.

Papas asadas con cebolla

Ingredientes

Papas mediadas: 4
Agua: suficiente para cubrir las papas
Aceite: una fina capa que cubra todo el sartén.
Especias: las que prefiera
Cebolla: ½ cortada en aros
Sal al gusto

Procedimiento

Lave bien las papas, córtelas en rodajas de aproximadamente un centímetro. Vierta sobre las papas aceite, sal, pimienta y las especies que disponga, a mí me gusta ponerle orégano y romero. Déjelas reposar unos 5 minutos. Ponga a calentar un sartén grande con una fina capa de aceite, coloque las papas y deje que se doren por ambos lados, luego cúbralas hasta un poco menos de la mitad con agua. Cocine a fuego medio-alto hasta que las papas estén tiernas y el agua se haya evaporado casi por completo. Es momento de agregar las cebollas mientras deja que las papas se sequen en el sartén. Sirva caliente.

Pimientos rellenos con aceitunas y tomate

Ingredientes

Pimientos rojos: 4
Aceitunas verdes: ½ taza (picadas)
Tomate: 1 grande (picado)
Ajo: 2 dientes (picados)
Aceite: 2 cucharadas
Sal y pimienta al gusto

Procedimiento

Corte cuidadosamente la parte superior de los pimientos que luego utilizará como tapa. Retire las semillas. En un tazón, mezcle las aceitunas, el tomate, el ajo, el aceite de oliva, la sal y la pimienta. Rellene los pimientos con la mezcla y coloque en una bandeja para hornear. Hornee durante 10 a 20 minutos o hasta que los pimientos estén tiernos. Sirva caliente.

Una versión diferente sería hacerlo en sartén, pero debemos entonces primero dorar los pimientos y luego colocarles el relleno.

Ensalada de col, acelga y tomate

Ingredientes

Col: ½ (cortada en tiras finas)
Acelga: 1 mazo (cortada en tiras finas)
Tomate: 2 (cortados en cubos)
Aceite de oliva: 3 cucharadas
Limón: 1 cucharada
Ajo: 1 diente
Sal y pimienta al gusto

Procedimiento

Corte en pequeños trozos los vegetales. En un tazón grande, mezcle la col, la acelga y el tomate. En un tazón pequeño, mezcle el aceite de oliva, el limón, la sal y la pimienta. Vierta sobre la ensalada y mezcle bien. Refrigere durante al menos 10 minutos antes de servir para que los sabores se mezclen.

Ensalada de maíz y quimbombó

Ingredientes

Maíz: 1 taza (cocido y desgranado)
Quimbombó: 1 taza (cocido y cortado en rodajas)
Tomate: 1 grande (picado)
Cebolla: ½ (picada)
Aceite de oliva: 2 cucharadas

Limón: 1 cucharada
Sal y pimienta al gusto

Procedimiento

En un tazón grande, mezcle el maíz, el quim-bombó, el tomate y la cebolla. En un tazón pequeño, mezcle el aceite de oliva, el vinagre, la sal y la pimienta. Vierta la vinagreta sobre la ensalada y mezcle bien. Refrigere durante 30 minutos antes de servir.

Frituras de malanga

Ingredientes

Malanga: 1 grande
Cebollín: ½ taza (cortados pequeñitos)
Ají de cocina rojos: 3 pequeños
Orégano: ½ hoja natural o 1 cucharadita en polvo
Maicena: 1 cucharadita (opcional)
Aceite: abundante para freír
Sal al gusto

Procedimiento

Lavada y pelada la malanga pásela por el rallador. Se mezcla con el cebollín, el orégano, y los ajíes despepitados y cortados a la jardinera, se le agrega la sal y de forma opcional comino u otra especie de su preferencia. Siempre trato de evitar el ajo por el sabor característico de la malanga. Si la masa no queda lo suficientemente consistente, entonces le agregamos la cucharada de maicena. Se toman porciones con una cuchara y con ayuda de otra cuchara dele la forma. Se fríen en aceite caliente.

Frituras de Yuca

Ingredientes

Yuca: 4 trozos (de aproximadamente 10 cm)
Cebollín: ½ taza (cortados pequeñitos)
Ají de cocina rojos: 2 pequeños
Perejil: 1 cucharadita
Cebolla: ½ mediana
Ajo: 3 dientes
Laurel: 1 hojita
Aceite: abundante para freír
Sal al gusto

Procedimiento

Lavada y pelada la yuca coloque los trozos dentro de una cazuela con abundante agua. Cuando comiencen a ablandarse se les agregue la sal y una hoja de laurel. Una vez blandos se pasan por la maquinita de moler junto al ajo, la cebolla, el perejil y los ajíes despepitados. A esta masa ya molida incorpore el cebollín. Si no es posible molerlo todo, se hace un puré con un tenedor y se añaden todas las especies cortadas a la jardinera bien pequeñitas. Para conformar las croquetas se recomienda embarrar las manos de aceite para que no se peguen. Deles la forma de croqueta y fríalas en aceite caliente.

Cebollas fritas

Ingredientes

Cebolla: 1 blanca
Pimienta negra: al gusto
Maicena: 3 cucharadas
Agua: ½ taza
Aceite: abundante para freír
Sal al gusto

Procedimiento

Corte la cebolla en aros y sepárelos. En un tazón, mezcle la maicena con el agua hasta formar una pasta. Sumerja los aros de cebolla en la mezcla de maicena. Caliente el aceite en una sartén a fuego medio-alto. Fría los aros de cebolla en el aceite caliente hasta que estén dorados y crujientes. Retire las cebollas fritas y colóquelas sobre papel absorbente. Espolvoree con sal y pimienta al gusto antes de servir.

Crema de cebolla

Ingredientes

Cebolla: 2 grandes
Caldo de pollo (de pastillitas): 4 tazas
Mantequilla: 2 cucharadas
Harina: 1 cucharada
Crema de leche baja en proteína: ½ taza
Sal y pimienta al gusto

Procedimiento

Pele y corte las cebollas en aros finos. En una olla grande, derrita la mantequilla y sofría las cebollas hasta que estén doradas. Añada la harina y mezcle bien, cocinando durante 1 minuto. Agregue el caldo de pollo y lleve a ebullición, luego reduzca el fuego y cocine a fuego lento durante 20 minutos. Pase la mezcla por la batidora hasta obtener una crema suave. Añada la crema de leche, sal y pimienta al gusto. Caliente suavemente antes de servir.

Frituras de papa

Ingredientes

Papas: 2 medianas
Cebolla: ½ (finamente picada)
Perejil: 1 cucharadita (picado)
Maicena: 2 cucharadas

Aceite: abundante para freír
Sal al gusto

Procedimiento

Lave y ponga a hervir las papas, puede pelarlas o dejarlas con la cáscara y luego retirarla. Siga el proceso de hacer un puré. En un tazón, mezcle con la cebolla, el perejil y la sal. Haga pequeñas bolas con las manos. Páselas por la maicena. Caliente el aceite en una sartén a fuego medio-alto. Tome las bolitas de papa y fríalas hasta que estén doradas. Sirva caliente.

Habichuelas con calabaza

Ingredientes

Habichuelas: 1 mazo
Calabaza: 1 trozo mediano
Ajo: 4 dientes
Cebolla: ½
Aceite: 3 cucharadas
Agua: ½ taza
Sal al gusto

Procedimiento

Lave las habichuelas y corte en trozos de 3 cm aproximadamente. Pele y corte la calabaza en cubos pequeños. En la sartén grande, caliente el aceite y sofría el ajo y la cebolla hasta que estén dorados. Agregue las habichuelas y la calabaza, y cocine durante 5 minutos. Añada el agua y la sal, tape y deje cocinar a fuego lento hasta que las habichuelas y la calabaza estén tiernas. Sirva caliente.

Tostón relleno con acelga

Ingredientes

Plátanos: 2 verdes
Acelga: 1 mazo (hojas y tallos picados)
Ajo: 2 dientes
Cebolla: ½ (picada)
Aceite: abundante para freír
Sal al gusto

Procedimiento

Pele los plátanos y córtelos en trozos de aproximadamente 5 cm. Fría los trozos de plátano en aceite caliente hasta que estén dorados, luego aplástelos con una prensa de tostones. En una sartén, caliente un poco de aceite y sofría el ajo y la cebolla hasta que estén dorados. Añada la acelga y cocine hasta que esté tierna. Sazone con sal al gusto. Rellene los tostones con la mezcla de acelga y sirva caliente.
Puede emplear diversos rellenos para los tostones, siempre que estén dentro de los alimentos permitidos.

Sopas y cremas

¡Amo cocinar!

Crema de calabaza con mojo

Ingredientes

Calabaza: 1 libra
Cebollín: ½ mazo
Ajo: 4 dientes
Cebolla: ½ cebolla
Tomate natural: 2 medianos
Aceite: 3 cucharadas
Sal al gusto

Procedimiento

Corte la calabaza en trozos medianos y póngala a hervir con poca agua y la sal. Mientras, haga un sofritoo en el aceite tibio con la cebolla, el cebollín y el ajo. Cuando comience a desprender olor agregue el tomate natural cortado a la jardinera bien pequeño. Una vez blanda la calabaza pásela por la batidora, solo se añade la cantidad de agua suficiente para lograr una crema. Sirva en un recipiente hondo con el sofrito en el centro sin revolver.

Crema de zanahoria

Ingredientes

Zanahoria: 1 libra
Ajo: 3 dientes
Cebolla: ½ cebolla
Aceite: 3 cucharadas
Sal al gusto

Procedimiento

Lave la zanahoria, de ser necesario ralle la primera corteza y corte en trozos de 3 cm aproximadamente. Ponga a presión con poca agua y la sal. Una vez blandas, pásela por la batidora, solo añada la cantidad de agua suficiente para lograr una crema, junto al ajo y a la cebolla crudos. Vierta el aceite como si estuviera haciendo una mayonesa (un chorrito fino por la tapa de la batidora). Sirva en un recipiente hondo, adornada con cebollín picadito.

Sopa de vegetales

Ingredientes

(Es libre y podrá hacerse con los vegetales que tengamos en casa y en dependencia de la cantidad que necesitamos)
Zanahoria:1 (cortada en pequeños trozos)
Papa: 1 (cortada en cubos)
Cebolla: ½ (picada)

Ajo: 2 dientes (picados)
Caldo de verduras: 4 tazas
Aceite: 2 cucharadas
Pimientos: ¼
Brócoli: 5 pequeños
Maíz: puede ser en mazorcas o desgranado.
Sal y pimienta al gusto

Procedimiento

En una olla grande, caliente el aceite y sofría la cebolla, el ajo y el pimiento, sofría durante 3 minutos aproximadamente. Añada la zanahoria, la papa y el maíz, y sofría durante 5 minutos. Agregue el caldo de verduras y lleve a ebullición. Reduzca el fuego y cocine a fuego lento hasta que los vegetales estén casi tiernos. Digo casi, porque antes de que estén listos deberá añadir el brócoli y otros como cebollino, perejil... lo que tenga que sea fresco y no deba cocinarse mucho. Sazone con sal y sirva caliente.

Pastas

¡Bon apetitte!

Spaghetti con tomate natural y albahaca

Ingredientes

Spaghetti: 200 g
Tomate: 4 (picados)
Ajo: 2 dientes (picados)
Albahaca fresca: ½ taza (picada)
Aceite de oliva: 2 cucharadas
Sal y pimienta al gusto

Procedimiento

Cocine el spaghetti según las instrucciones del paquete. En la sartén grande, caliente el aceite de oliva y sofría el ajo hasta que esté dorado. Añada el tomate y cocine hasta que se deshaga y forme una salsa. Escurra el spaghetti y añádalo a la sartén con la salsa de tomate. Mezcle bien y sazone con sal y pimienta al gusto. Espolvoree con la albahaca picada antes de servir. Sirva caliente.

Arroz

¡Tiempo de amar!

Arroz pilaf (mantequilla 0% o margarina)

Ingredientes

Arroz: 50 g
Mantequilla: 1 cucharada
Cebolla: ½
Cuadrito de pollo: ½
Sal: ½ cucharadita

Procedimiento

Derrita la mantequilla y sofría en ella la cebolla cortada en aros. Agregue el arroz, previamente lavado, sofría durante un minuto aproximadamente. Agregue el agua (la misma cantidad que de arroz), la pastillita de pollo disuelta y la sal.

Arroz con especias

Ingredientes

Arroz: 30 g
Acelga: 2 hojas (más tallos)
Tomate: 2 medianos

Cebolla: ½
Ajo: 3 dientes
Perejil: unas ramitas
Orégano: 1 hoja
Cebollino: ½ taza cortado en trozos pequeños
Ají: 2 pequeños
Bijol: al gusto
Aceite: 2 cucharadas
Vino seco: 1 cucharadita
Sal: 1 cucharadita

Procedimiento

Se prepara un sofrito con el aceite, ajo, cebolla, ají, orégano y cebollino. Cuando comience a oler agregue el tomate cortado en cuartos y la acelga en tiras. Sofría aproximadamente un minuto y añada el agua, la sal y el bijol. Cuando el agua esté al hervir, incorpore el arroz previamente lavado. Deje cocinar a fuego lento hasta que el agua se haya evaporado y el arroz esté cocido. Se perfuma antes de servir con vino seco.

Arroz con calabaza

Ingredientes

Arroz: 30 g
Calabaza: 1 trozo pequeño (cuadrado de 5cm aproximadamente)
Cebolla: ½

Ajo: 2 dientes
Albahaca: ½ cucharadita
Aceite: 2 cucharadas
Sal: 1 cucharadita

Procedimiento

Pele y lave la calabaza. Pásela por el rallador (el tamaño de los trozos resultantes dependerá del gusto). Prepare un sofrito con el aceite, el ajo y la cebolla. Cuando comience a oler se agrega la calabaza. Sofría durante 5 minutos, agregue el agua y la sal. Cuando el agua esté al hervir, incorpore el arroz previamente lavado. Deje que se cocine a fuego lento y evite que se pegue. Al servir, espolvoree la albahaca.

Arroz con zanahoria

Ingredientes

Arroz: 30 g
Zanahoria: 1 mediana
Cebolla: ½
Ajo: 2 dientes
Perejil: ½ cucharadita
Aceite: 2 cucharadas
Sal: 1 cucharadita

Procedimiento

Lave y ralle la zanahoria. Prepare un sofrito con el aceite, ajo, cebolla. Cuando comience a oler agregue la calabaza. Sofría durante 5 minutos, agregue el agua y la sal. Cuando el agua esté al hervir, eche el arroz previamente lavado. Deje que se cocine a fuego lento y evite que se pegue. Al servir, espolvoree la albahaca.

Arroz con col

Ingredientes

Arroz: 1 taza
Col: ½ (cortada en tiras finas)
Cebolla: ½ (picada)
Ajo: 2 dientes
Aceite: 2 cucharadas
Agua: 2 tazas
Sal al gusto

Procedimiento

Ponga a hervir la col en agua con sal durante 10 minutos. Mientras, para optimizar el tiempo utilice la arrocera. En la sartén grande, caliente el aceite y sofría el ajo y la cebolla hasta que estén dorados. Añada la col y el arroz ya blandos y cocine durante 3 minutos a fuego lento, recuerde que ya están cocinados, solo necesitan mezclarse los sabores. Sirva caliente.

Arroz verde

Ingredientes

Arroz: 1 taza
Espinacas: 1 mazo
Caldo de pollo de pastillitas: 2 tazas
Cebolla: ½ (picada)
Ajo: 2 dientes (picados)
Aceite: 1 cucharada
Mantequilla: al gusto
Sal al gusto

Procedimiento

En la sartén grande, caliente el aceite y la mantequilla. Sofría la cebolla y el ajo hasta que estén dorados. Añada las espinacas y sofría de 3 a 5 minutos. Pase esta mezcla por la batidora con un poco del caldo de pollo. Utilice esta mezcla para preparar el arroz, complete con el resto del caldo o con agua directamente. Sazone con sal al gusto y sirva caliente.

Arroz imperial

Ingredientes

Arroz amarillo (bajo contenido proteico): 2 tazas
Agua: 4 tazas
Mayonesa baja en proteínas: 1 taza
Col: ½ (hervida y picada)
Cebolla: 1 (picada)

Zanahoria: 2 (cocidas y hechas puré)
Calabaza: 1 taza (cocida y hecha puré)
Aceite de oliva: 2 cucharadas
Sal al gusto

Procedimiento

Cocine el arroz amarillo en agua con sal hasta que esté tierno. Mientras tanto, en la sartén, caliente el aceite de oliva y sofría la cebolla hasta que esté dorada. Mezcle la cebolla sofrita con la col hervida. En otro recipiente, mezcle la zanahoria y la calabaza cocidas. En un molde, coloque una capa de arroz, una capa de mezcla de col y cebolla, y una capa de puré de zanahoria y calabaza. Repita las capas y cubra con mayonesa baja en proteínas. Refrigere durante al menos 1 hora antes de servir.

Otras recetas con vegetales y viandas

Habichuelas de la abuela

Ingredientes

Habichuelas: 1 mazo
Ajo: 5 dientes
Vinagre: ⅓ taza (de café)
Aceite: ½ taza (de café)
Agua: ½ taza (de café)
Sal al gusto
Pastillita de pollo Maggie: ½

Procedimiento

Lave las habichuelas y córtelas en trozos de 3 cm aproximadamente. Colóquelas en la olla Reina junto a todos los ingredientes, y la ½ pastillita de pollo previamente diluida en el agua. Si no tiene olla Reina, puede hacerse en cualquier olla a presión, pero tenga cuidado no se sequen. Se sirven calientes o frías y el sabor del ajo es simplemente delicioso.

Tomate relleno con aguacate y orégano

Ingredientes

Tomate: 2 grandes
Aguacate: ½ mediano
Orégano: una hoja si es natural o 1 cucharadita en polvo
Aceite: ½ cucharadita
Limón: zumo al gusto
Sal: ½ cucharadita

Procedimiento

Lave los tomates. Corte una lasca de la parte superior que sirva como tapa. Con la ayuda de una cuchara saque las semillas. Ponga los tomates bocabajo a escurrir mientras prepara el relleno. Aplaste el aguacate, junto a las semillas del tomate, agregue la sal, el orégano, el aceite y unas gotas de limón. Rellene los tomates con esta mezcla y utilice la tapa natural.

Remolacha rallada

Ingredientes

Remolacha: 5
Azúcar blanca: a gusto

Vinagre: 1 cucharada
Sal: una pizca

Procedimiento

Lave bien las remolachas y sin pelar, póngalas a hervir de 5 a 8 minutos con la sal. Cuando estén blandas, déjelas refrescar para luego retirar la cáscara. Pase las remolachas por un rallador, eche el vinagre y espolvoree el azúcar a gusto. Solo prepare la cantidad que vaya a consumir en el momento. El resto puede guardarla ya rallada en un pomo de cristal, dura varios días, sin el aderezo.

Cuadritos de pepino

Ingredientes

Pepino: 1
Aceite: 2 cucharadas
Ajo: 1 diente
Ají: 1 rojo
Vinagre: 1 cucharada
Limón: ½
Perejil: unas ramitas
Sal y pimienta al gusto

Procedimiento

Lave los pepinos, corte las puntas y sin pelar, córtelos en dados. Caliente el aceite y sofría el pepino hasta que se dore, aproximadamente

4 minutos. Baje el fuego y añada el ajo, el ají, el vinagre. Si lo nota muy seco puede añadir el zumo de medio limón. Salpimiente el pepino al gusto y manténgalo tapado durante otros 3 minutos. Espolvoree el pepino con el perejil picado y sírvalo enseguida.

Quimbombó al tomate

Ingredientes

Quimbombó: 1 mazo
Naranja agria: 1
Cebolla: ½
Ajo: 5 dientes
Albahaca: ½ cucharadita
Puré de tomate: 4 cucharaditas
Aceite: 3 cucharadas
Sazón: 1 pastillita sazón de pollo

Procedimiento

Lave y corte el quimbombó en ruedas de 2 cm aproximadamente, deseche ambas puntas. Eche las ruedas en un pozuelo con un poco de agua y el zumo de una tapa de la naranja agria (deje la tapa dentro, tape el pozuelo y colóquelo en el refrigerador de 10 a 15 min). Pasado ese tiempo cuele y bote toda el agua. Póngalos a hervir con otro poco de agua y la segunda mitad de zumo de la naranja duran-te 5 minutos, pasado ese tiempo bote nuevamente el agua y reserve. En una sartén haga un sofrito con el aceite, el ajo, la cebolla y la albahaca, cuando comience a oler agregue el puré de tomate y luego encima el quimbombó. Vierta la pastilla diluida en un dedito de agua, tape y se deje cocinar por 5 minutos más.

Champiñones marinados con ají

Ingredientes

Champiñones: 200 g
Ají rojo: 1 (picado)
Ajo: 2 dientes (picados)
Vinagre de vino blanco: ¼ taza
Aceite de oliva: ¼ taza
Sal y pimienta al gusto

Procedimiento

Lave y corte los champiñones en rodajas. En un tazón, mezcle el ají, el ajo, el vinagre y el aceite de oliva. Añada los champiñones y mezcle bien. Sazone con sal y pimienta al gusto. Deje marinar en el refrigerador durante al menos 2 horas antes de servir.

Champiñones con cebolla

Ingredientes

Champiñones: 200 g
Cebolla: 1 (cortada en aros)
Ajo: 2 dientes (picados)
Aceite de oliva: 2 cucharadas
Sal y pimienta al gusto

Procedimiento

Lave y corte los champiñones en rodajas. En una sartén, caliente el aceite de oliva y sofría la cebolla y el ajo hasta que estén dorados. Añada los champiñones y cocine a fuego medio hasta que estén tiernos. Sazone con sal y pimienta al gusto. Sirva caliente.

Festín de calabaza

Ingredientes

Calabaza: 1 (cortada en cubos)
Cebolla: ½ (picada)
Ajo: 2 dientes (picados)
Aceite de oliva: 3 cucharadas
Sal y pimienta al gusto

Procedimiento

En la sartén grande, caliente el aceite de oliva y sofría la cebolla y el ajo hasta que estén dorados. Añada los cubos de calabaza y cocine a fuego medio hasta que estén tiernos. Sazone con sal y pimienta al gusto. Sirva caliente.

Ropa Vieja de plátano

Ingredientes

Plátanos verdes: 3
Ajo: 3 dientes (picados)
Cebolla: 1 (picada)
Ají: 1 (picado)
Puré de tomate: ½ taza
Aceite: 2 cucharadas
Sal y pimienta al gusto
Especias: al gusto (comino, romero, tomillo, albahaca, perejil...)

Procedimiento

Corte los plátanos en trozos de aproximadamente tres dedos de ancho y hiérvalos hasta que estén blandos. Una vez blandos, ralle la cáscara de los plátanos con un tenedor para que parezca en tiras o córtelos en cuadritos si prefiere un picadillo. En una sartén, caliente el aceite y sofría el ajo, la cebolla y el ají hasta que estén dorados. Añada las especias al gusto y el puré de tomate. Agregue la cáscara de plátano rallada o picada y cocine por al menos 5 minutos. Sirva caliente, acompañado de arroz blanco o del mismo plátano hervido.

Ratatouille

Ingredientes

Berenjena: 1 (cortada en rodajas)
Calabacín: 1 (cortado en rodajas)
Pimiento rojo: 1 (cortado en tiras)
Tomate: 4 (cortados en rodajas)
Cebolla: 1 (cortada en rodajas)
Ajo: 4 dientes (picados)
Puré de tomate: 3 cucharadas
Aceite: 3 cucharadas
Hierbas de Provenza: 1 cucharadita
Sal y pimienta al gusto

Procedimiento

Caliente 2 cucharadas de aceite en la sartén grande a fuego medio. Añada el ajo, la cebolla y el pimiento, y sofría hasta que estén dorados. Añada el pure de tomate y cocine por 2 minutos. Saque y reserve porque necesitaremos usar la sartén, si tiene más de un sartén puede dejarlo ahí mismo.

Ahora será el turno de los vegetales, en otro sartén cocine la berenjena durante unos 2-3 minutos por cada lado hasta que esté tierna. Retire y reserve. Repita el proceso con el calabacín, los pimientos y los tomates, cocinando cada uno por separado hasta que estén tiernos.

Una vez que todas las verduras estén cocidas, vuelva a colocarlas en el primer sartén donde está el sofrito que hicimos al principio. Deberá ponerlos en capas verticales, empezando con una capa de berenjenas, seguida de cebollas, calabacines, y tomates. Espolvoree tomillo, sal y pimienta entre las capas. Tape la sartén y cocine a fuego lento durante unos 10 minutos, permitiendo que los sabores se mezclen y las verduras se terminen de cocinar. Sirva caliente.

Harina de yuca

Ingredientes

Yuca: 1 kg (pelada y rallada)

Procedimiento

Ralle la yuca y colóquela sobre una bandeja para hornear. Seque al sol o en un horno a baja temperatura hasta que esté completamente seca y quebradiza. Triture la yuca seca en un procesador de alimentos hasta obtener una harina fina. Almacene en un recipiente hermético.

Sofrito criollo

Ingredientes

Cebolla: 1 grande (picada)
Pimiento verde: 1 (picado)
Ajo: 4 dientes (picados)

Tomate: 2 (picados)
Aceite: 4 cucharadas
Sal y pimienta al gusto

Procedimiento

En la sartén grande, caliente el aceite y sofría la cebolla, el pimiento verde y el ajo hasta que estén tiernos. Añada el tomate y cocine a fuego medio hasta que se deshaga y forme una salsa. Sazone con sal y pimienta al gusto. Use el sofrito como base para otras recetas o como acompañamiento. Por ejemplo, para los tostones rellenos.

Salsa vinagreta de verduras

Ingredientes

Pimiento rojo: ½ (picado)
Cebolla: ½ (picada)
Ajo: 1 diente (picado)
Aceite de oliva: ½ taza
Vinagre: ¼ taza
Sal y pimienta al gusto

Procedimiento

En un tazón, mezcle el pimiento rojo, la cebolla y el ajo. En otro tazón, mezcle el aceite de oliva, el vinagre, la sal y la pimienta. Vierta la vinagreta sobre las verduras y mezcle bien. Refrigere durante al menos 30 minutos antes de servir.

Recetas con frutas. Sorbetes y dulces

Sorbete de naranja

Ingredientes

Frutas variadas: 2 tazas (fresas, mango, piña, etc.)
Jugo de naranja: 1 taza
Miel: 2 cucharadas

Procedimiento

En una licuadora, mezcle las frutas, el jugo de naranja y la miel hasta obtener una mezcla suave. Vierta la mezcla en un recipiente para congelar y congele durante al menos 4 horas, removiendo cada 30 minutos para evitar la formación de cristales de hielo. Sirva frío.

Sorbete de guayaba

Ingredientes

Guayabas maduras: 4
Azúcar: ½ taza
Agua: 1 taza
Jugo de limón: 1 cucharada

Procedimiento

Lave y corte las guayabas en trozos, retire las semillas. En una licuadora, mezcle las guayabas, el azúcar, el agua y el jugo de limón hasta obtener una mezcla suave. Pase la mezcla por un colador para eliminar cualquier trozo grande. Vierta la mezcla en un recipiente y congele durante al menos 4 horas, removiendo cada 30 minutos para evitar la formación de cristales de hielo. Sirva frío.

Sorbete de mango

Ingredientes

Mangos maduros: 3
Azúcar: ½ taza
Agua: 1 taza
Jugo de limón: 1 cucharada

Procedimiento

Pele y corte los mangos en trozos. En una licuadora, mezcle los mangos, el azúcar, el agua y el jugo de limón hasta obtener una mezcla suave. Vierta la mezcla en un recipiente y congele durante al menos 4 horas, removiendo cada 30 minutos para evitar la formación de cristales de hielo. Sirva frío.

Sorbete de limón

Ingredientes

Jugo de limón fresco: 1 taza
Azúcar: ½ taza
Agua: 1 taza

Procedimiento

En una cacerola, mezcle el azúcar y el agua, y caliente a fuego medio hasta que el azúcar se disuelva por completo. Deje enfriar. En una licuadora, mezcle el jarabe de azúcar enfriado con el jugo de limón. Vierta la mezcla en un recipiente y congele durante al menos 4 horas, removiendo cada 30 minutos para evitar la formación de cristales de hielo. Sirva frío.

Sorbete de naranja

Ingredientes

Jugo de naranja fresco: 1 taza
Azúcar: ½ taza

Agua: 1 taza

Ralladura de naranja: 1 cucharadita (opcional)

Procedimiento

En una cacerola, mezcle el azúcar y el agua, y caliente a fuego medio hasta que el azúcar se disuelva por completo. Deje enfriar. En una licuadora, mezcle el jarabe de azúcar enfriado con el jugo de naranja y la ralladura de naranja, si se usa. Vierta la mezcla en un recipiente y congele durante al menos 4 horas, removiendo cada 30 minutos para evitar la formación de cristales de hielo. Sirva frío.

Sorbete de sandía

Ingredientes

Sandía: 4 tazas (sin semillas y cortada en cubos)

Azúcar: ½ taza

Jugo de limón: 1 cucharada

Procedimiento

En una licuadora, mezcle la sandía, el azúcar y el jugo de limón hasta obtener una mezcla suave. Vierta la mezcla en un recipiente y ongele durante al menos 4 horas, removiendo cada 30 minutos para evitar la formación de cristales de hielo. Sirva frío.

Dulce de zanahoria rallada

Ingredientes

Zanahoria: 4 (ralladas)
Azúcar: 1 taza
Canela: 1 rama
Agua: ½ taza

Procedimiento

En una olla grande, mezcle la zanahoria rallada, el azúcar, la canela y el agua. Cocine a fuego medio, removiendo constantemente, hasta que la zanahoria esté tierna y la mezcla espese. Retire la canela y deje enfriar antes de servir.

Mermelada de plátano (*burro)

Ingredientes

Plátanos burros: 4 maduros (hechos puré)
Azúcar: 1 taza
Jugo de limón: 1 cucharada

Procedimiento

En una olla grande, mezcle el puré de plátano, el azúcar y el jugo de limón. Cocine a fuego medio, removiendo constantemente, hasta que la mezcla espese. Vierta en frascos esterilizados y deje enfriar antes de cerrar. Refrigere y consuma dentro de una semana.

Manzanas glaseadas

Ingredientes

Azúcar: ½ taza (unos 120 g)
Manzanas Delicia (o rojas): 4 (firmes)
Zumo de naranja: ½ taza (unos 120 ml)
Ralladura de naranja: 2 cucharaditas
Opcional: Helado de vainilla

Procedimiento

Pele las manzanas y córtelas en cuartos, eliminando el corazón. En una sartén, mezcle el azúcar, el zumo y la ralladura de naranja. Coloque los cuartos de manzana con la zona de la piel hacia arriba en la sartén. Caliente a fuego medio hasta que rompa a hervir, luego baje a fuego lento, tape y deje cocinar de 10 a 15 minutos, hasta que las manzanas estén tiernas, pero sin perder su forma. Si es necesario, dé la vuelta a las manzanas. Saque las manzanas y reserve. Aumente el calor de la salsa de naranja hasta que espese, y con una cuchara, viértala sobre las manzanas para terminar el glaseado. Puede acompañar con una bola de helado de vainilla.

AMAR ES EL MILAGRO

ARTÍCULOS del BLOG

Instagram:
https://www.instagram.com/yanita_oms

Facebook:
https://www.facebook.com/yanita.reynaldooms

Sitio web:
https://amareselmilagro.com

Por alguna razón, coloco partes de mi blog en este libro, quizás porque él me ha acompañado en todo este proceso de creación y enseñanza y siento que he crecido mucho espiritual y emocionalmente en esta travesía. Tal vez anhelo motivarte a que puedas desahogar tus experiencias ante situaciones difíciles o hechos cotidianos que sin pretender puede ayudar a otros en situaciones similares de vida. Mi blog es un amigo al que regreso en increíbles momentos o en mis horas de desahogo. Hoy me siguen muchos amigos y compartimos este mundo infinito de libertad.

Llegar aquí ha costado meses, diría que años. Desde que Lucas nació y la fenilcetonuria llegó a nuestras vidas, solo las personas cercanas conocían del asunto, el primer consejo de su pediatra fue mantenerlo en secreto, no porque fuera el "fin del mundo", sino porque necesitábamos entender muy bien nosotros para poder explicarlo después. La idea del libro llegó ante mí cuando me sentí reinventando recetas, preguntando, leyendo, investigando y no encontraba nada cercano que pudiera ayudarme. Sumado a eso, los doctores me decían que Lucas era un niño muy bien cuidado, que al no ser por el resultado de los análisis no cumple con rasgos de niños fenilcetonúricos, así que pensé:

¿Y si escribo un libro de recetas? ¿Podré entregar un libro a cada una de las familias PKU que conocemos? ¿Acaso no sería maravilloso si cuando nazca otro niño fenilcetonúrico, los padres pueden contar con esta guía, y se ahorran todo el trabajo que pasamos?

De esa forma comenzó mi recopilación de recetas, pero la idea iba creciendo, ya no solo quería enseñar cómo preparar alimentos con ingredientes cubanos, mientras más leía más entendía que había mucho de esta "condición" que nadie nos dijo, así que fui preparando las interrogantes más frecuentes que nos hicimos, sería así entonces, desde nuestra percepción, una guía de preguntas y respuestas, además de las recetas... Sería "La historia de Lucas".

El 28 de junio del 2019, Día Mundial de la PKU, decidí lanzar una página en Facebook: PKU en Cuba – Una percepción diferente. Tuvo una acogida maravillosa, amigos, conocidos, amigos de amigos, desconocidos, todos la recibieron con una calidez hermosa y ese día, me sentí demasiado feliz, estaba pariendo un sueño.

Desde entonces muchas personas me han escrito para ayudar, muchos se han sensibilizado, muchos me apoyan para que me las "ingenie" y cree una Asociación para niños PKU en Cuba, y la verdad es que proyectos hay varios, y no renunciaré a ninguno.

Pero sí ya tengo página en Facebook, si ya estaba redactando el libro, ¿para qué entonces necesito un blog?

Necesito un blog porque esto creció más allá de la historia de Lucas. Porque hay muchas personas que necesitan ayuda. Hay muchas familias con condiciones especiales. Y mientras creo que mi "problema" es que mi hijo no puede comer proteínas, para otra mami será que su hijo aún se hace pis en la cama, o es agresivo, o se tarda en hablar, o no quiere jugar con otros niños, o atraviesan por un divorcio. Es indiscutible, las preocupaciones de una pueden ser las de todas. Detrás de muchas sonrisas hay familias disfuncionales, hay niños que están creciendo en ambientes difíciles. Nos estamos abrumando con muchos problemas externos y nuestros niños están pagando las consecuencias. Porque de la crianza de hoy dependerán los adolescentes del mañana (de los que hoy ya nos estamos quejando). Porque todos los niños deberían comer "sano", aunque no sean niños PKU.

Las madres necesitamos estar en calma y no somos "malas madres" por salirnos de la rutina, de lo que está bien o está mal. Estamos en la era espiritual y necesitamos observar y tomar consciencia de cuán locos estamos al querer controlarlo todo, dirigirlo todo, perfeccionarlo todo. Cuán frustrante es que algo no salga cómo queremos, porque en ese momento no conocemos el verdadero propósito de todo lo que nos ocurre. Porque somos almas y no cuerpos. Es hora de entender que hay muchas maneras de ser feliz, y estar en paz, es únicamente nuestra responsabilidad.

Así que, si te encontraste, si te sentiste, si tú también crees que Amar es el Milagro...

Bienvenid@

APRENDE MÁS DE LA PKU (PARTE 2)

Cada uno de nosotros debe haber escuchado alguna vez la frase: «La salud entra por la boca» y sí, hoy estoy más que convencida de que es así. Desde una perspectiva positiva: es el ejemplo más claro que una alimentación adecuada puede producir milagros.

Cuando a alguien que nos pregunta qué puede comer Lucas, le explicamos que solo proteína vegetal, siempre nos dicen: "Ni huevo, ni pescado, ni pollo, ¿ninguna carne?".

Y yo agrego: "Anjá, ninguna carne, ni arroz, ni frijoles, ni leche (queso, yogurt, helado...), ni harina (pan, pasteles...), ni frutos secos... Lucas come frutas, vegetales y viandas".

Ya imaginarán la cara, esa misma que ya muchos de ustedes han puesto.

En *Aprende más de la PKU* (Parte 1), tenemos las primeras respuestas que deberán conocer para entender que la fenilalanina es un aminoácido esencial que deberá consumir, y al mismo tiempo será el que se restringe. Parece un rompecabezas, pero no lo es.

¿Qué puede comer?

Una advertencia que yace como parte de la memoria de cuando éramos niños es la clásica: "¡Cómete toda la carne para que crezcas grande y fuerte!".

Pues sí, la proteína es esencial para el crecimiento y Lucas también la necesita. Solo que en Cuba sabemos que proteínas son las carnes, no tenemos idea muchas veces que un plato de granos o el huevito aportan gran cantidad. Incluso que la mayoría de los vegetales también tienen proteínas.

La proteína es importante para su crecimiento y desarrollo. ¿Cómo lo manejan?

Todo es cuestión de equilibrio. Los aminoácidos esenciales y no esenciales presentes en la proteína y que los niños PKU necesitan, los adquieren de suplementos, sería como decir, la proteína en polvo.

Ya pasamos por Anamix, XP Maxamaid y desde ahora hasta los 8 años será Anamix Junior. Este suplemento se lo dan como parte de una dieta especial, de manera gratuita. A principios, Adrián lo tenía que preparar, tiene un olor tan fuerte y desagradable que de olerlo me daban ganas de vomitar, literalmente. Imaginarán entonces, cómo lloraba sabiendo que Lucas se lo tenía que tomar, pero ellos nacen para darnos constantemente lecciones de vida. Lucas se prepara su suplemento y cuando no se lo he dado, me dice: "¡Mamá, se nos olvidó el Maxamaid!".

Lo mejor que hemos hecho ha sido mantener la vida normal, como ha sido siempre. Comer en la mesa y en familia es un hábito heredado de mis abuelos, del que me siento feliz. Es el momento en el que nos reunimos todos y disfrutamos. Exceptuando el fin de semana, que hacemos muchas "indisciplinas" en casa.

No hace falta mentir. Y esto es aplicable a todo en la vida de nuestros hijos.

¿Y SI UN NIÑO SE PINTA LAS UÑAS?

Quizás con esta interrogante los ponga a pensar cómo cambia nuestra perspectiva siendo mamá y cómo vivimos constantemente situaciones y hechos cotidianos que nuestros niños van mostrando y que por razones de nuestra educación o costumbres nos sorprendemos al pensar cómo actuar mejor, casi siempre tiene que ver en cómo orientar a nuestros hijos sobre algunos roles que en otros tiempos nos aclararon: estos son de niñas y aquellos de niños, aquí solo dejo una de mis experiencias, espero los ayude en el asombro para responder.

Lucas llegó ante mí con un plumón y las uñas de las manos pintadas "de rojo como las tuyas mamá". Enseguida pensé en qué les hubieran dicho a los varones de mi casa en una situación similar, ¿qué hubiera dicho yo hace unos años atrás?, ¿qué significa que un niño se pinte las uñas? ¡Tremendo tema para debatir había encontrado!

En mi opinión, a los niños pequeños les encanta explorar, jugar con cualquier cosa e imitar a los adultos. No tiene nada que ver con la orientación sexual que aparece más tarde. Nunca he privado a Lucas de una muñeca o de un jueguito de cocina, más bien a él no le interesan mucho. Le encantan los carritos y todo cuanto haya de Paw Patrol. Siempre le explico que "los juguetes no tienen género y él es libre de elegir". Sin embargo, en la vida cotidiana (lo que para él también es un juego pero en compañía de adultos), le encanta cocinar conmigo, regar las plantas y si derrama algo o juega con agua, su deber luego será recoger y limpiarlo. Así que si alguna vez están en casa y moja el piso, lo escucharán decir: "No pasa nada mamá, ahora se limpia". ¿Por qué actuamos así? Pues porque quiero que aprenda a responsabilizarse con sus cosas, porque quiero que no culpe a los demás y sepa valerse por sí mismo.

Abogamos por un mundo más sensible y libre, y entiendo que romper tabúes no es de un día para otro. Del otro lado de casa estará la sociedad, hambrienta y sedienta para reprochar (y esto también es un juicio que estoy haciendo). Sin embargo, debemos escuchar y observar los conflictos, porque no son de nuestros hijos, es la percepción que tenemos los adultos sobre eso. Dejar que un niño participe en actividades de niñas (y viceversa), no lo convertirá en homosexual. De la misma manera que no permitírselo tampoco asegura que sea heterosexual. La identidad del niño se determina de muchas maneras... Dejemos que evolucionen y experimenten, aprendamos juntos a brindarles herramientas de amor.

El camino recién comienza y ante cualquiera que sea la situación, nada será más sano que la estabilidad emocional. Los padres vamos moldeando el comportamiento y la personalidad de los niños de acuerdo a las «ideas programadas» que tenemos de cómo deberían ser. Y no puedo permitir que se me escape inconscientemente lo esencial, yo solo quiero que él sea feliz.

SI NO QUIERE SALUDAR, ¿LO OBLIGO?

Ser padre "debería" ser un camino alegre, sin embargo, a veces resulta agotador. La responsabilidad se hace grande cuando entendemos que nuestra misión es hacer todo por alguien que recién empieza a vivir y acompañarlo hasta que alcance independencia (o hasta siempre). A eso incluimos que nosotros no sabemos cómo manejar diferentes situaciones que nos pasan, ¿cuál entonces será la manera "correcta" de educarlos?

Desde que comencé a escribir no paran de fluir mis ideas, surgen más dudas, me apetece hablar de más cosas. Cuando alguien me escribe y me da sus opiniones y la repercusión que está causando el blog me siento demasiado feliz. Siento como si al fin mi misión en el mundo de ayudar a los demás se estuviera materializando.

Miro entonces a Lucas, a dos meses de haber comenzado el curso y sin maestra, y sin saber conocer contenidos que mis sobrinas con menos edad ya saben, entonces juzgo y comparo (ERROR). Y mientras se me marchitan los ojos pienso que debería dejar mi trabajo, así podría ser la maestra de Lucas, podríamos hacer manualidades, pasear más juntos y tendría seguramente más tiempo para dedicarle al blog. Pero entonces, ¿cómo hacer para vivir con menos dinero?, ¿cómo cubrir todos los gastos de casa?, ¿realmente quiero disponer de tanto tiempo libre?, ¿por qué debemos cambiar un sueño por otro?

Me tomo un minuto y me percato de que caí en la trampa del ego, queriendo controlar a Lucas, a su maestra y a mi vida. Siento entonces que me voy alejando de mis "principios espirituales" y decido contarles a ustedes mis temores. Porque compartidos toca a menos, porque quiero que se vean reflejadas y no se castiguen, somos humanos tremendamente afortunados y siento que si soy sincera podré ayudar más. Allá vamos entonces, que hoy hablaremos de un tema aparentemente sencillo pero con grandes consecuencias...

Lucas es un niño muy cariñoso, y para su suerte, todos mis amigos lo adoran y le dicen que son sus tíos. Mas, en numerosas ocasiones, cuando llega el momento de saludar se rehúsa, pone la cara o simplemente se esconde. Antes lo obligaba a saludar, pero no sé por qué me entró la duda. Si todos o la mayoría de los niños lo hacen, hay algo que los adultos no estamos viendo. La escena es repetida, ellos se encubren para evitar el saludo y los padres "avergonzados", los sacamos del lugar donde se sentían seguros (justo detrás de nosotros) y los obligamos a saludar, porque claro, "eso es educación".

Es importante que los niños socialicen y aprendan a convivir con los demás, pero si no se sienten a gusto con una persona, no será necesario forzarles a que lo besen y abracen. En lo particular, empezaré a corregirme en este sentido, a cambio de un beso, podría dar la mano, o simplemente decir "Buenos días".

Es cierto que en Cuba el cariño a las personas que conocemos es excesivo. Por ejemplo, yo doy beso cuando llego, cuando me apetece, la primera vez que digo que me voy y luego en el "ahora sí me voy". Los niños son muy sabios y para ellos los besos y abrazos son señales de cariño muy auténticas, que comparten con mamá y papá, en un ambiente familiar e íntimo. Si no sienten el mismo cariño, ¿cómo entonces van a demostrarlo de la misma manera?

Por otra parte, no me gustaría invalidarle sus sentimientos, me interesa más que sepa expresarlos siempre que los sienta y no cuando yo se lo pida. El hecho de que sus padres sean "sociables" no significa que él deba ser igual. La timidez no debe considerarse como un problema y sí como un rasgo de la personalidad. Mientras más incómodos los hagamos sentir, más estaremos gritando que hay algo de malo en ellos. Sin contar con el hecho de que estaremos demostrando que no es libre de decidir y siempre habrá que hacer algo por agradar a los demás.

¡Alerta a los tíos(as)! Toda muestra de manipulación que utilicen para ganarse un beso estará condicionando el amor. A partir de ese momento estos chiquitos, que son los seres que más rápido aprenden en el mundo, utilizarán esas estrategias para lograr algo a cambio de un cariño fingido.

En más de una bibliografía leí que a partir de los 5 años ya se comienzan a adueñar de los convencionalismos sociales. Aquí entonces ellos solitos decidirán. Tendrán la oportunidad, además, de ver cómo nosotros nos relacionamos e irán incorporando nuevas normas.

Siempre recuerden, madres y padres que me acompañan, que cada idea que escribo está sustentada por mi vivencia y percepción. Sé que no todos los niños son iguales, y no todos los ambientes siempre favorecen. Pero estoy segura de que una cosa sí todas queremos, y es que nuestros niños crezcan con mucho amor. Ya estoy preparada para el debate, ¿ustedes también obligan a sus hijos a saludar?

COMO ES ADENTRO, ES AFUERA

"Es más fácil enseñarle a un niño a seguir las reglas y a obedecer, que, a escuchar de manera intencional, pensar, desarrollar criterios, solucionar problemas y confiar en sí mismos. Y esto se debe a que, para lo segundo, los padres necesitamos trabajar en nosotros primero".

Tengamos hoy una reflexión diferente, de una manera sincera y consciente. De nada sirve que continuemos acumulando tips para cuando nuestros niños actúen de una u otra manera si no entendemos que "como es adentro, es afuera".

Hagamos una pausa y tengamos una autoterapia. Que no se trate de leer para aprender, sino de leer para desaprender. Tomemos un momento y respondamos a estas preguntas:

¿Cómo fue nuestra niñez?

¿Cuántas nos prohibían y de qué manera?

¿De cuántas situaciones los padres nos hacían partícipes?

¿Qué necesitábamos para ser felices?

¿Qué nos enseñaban del "sacrificio"?

¿Cómo nos sentíamos si nuestros padres llegaban tarde?

¿Cómo eran los castigos?

¿Cuántas cosas no podíamos hacer para no molestar?

¿Cuántas veces nos avergonzamos y por qué?

(Y junto a estas, todas las que vayan saliendo).

Cuestionar sin justificar puede ser difícil, incluso

doloroso, pero también podrá ser liberador. Conocer y aceptar profundamente a los niños que fuimos, nos ayudará a comprender por qué actuamos de una manera u otra con nuestros hijos. Cada generación tiene sus particularidades, cada una se ha regido por la otra. ¿Cómo es entonces que cada vez nos quejamos más del mundo que tenemos? Algo a mí no me encaja.

Dejemos de halar de la mente del ego, de lo que está bien y está mal. Dejen incluso de leer mi blog si no les aporta y si no les mueve. Pero les pido, sigan a su ser. Sigan ese instinto que te indica lo que debes hacer, sigan esa fuerza que nos hace dar un paso tranquilo y seguro. Ante la duda, escúchate, si es de Dios siempre habrá paz en tu corazón.

Reprogramarnos, soltar y sanarnos nos guía a criar de manera diferente. En lo personal, me quiero salir de la crianza militarizada, en la que el adulto dicta y guía todo cuanto debe pensar el niño, por creer que "es pequeño y no sabe lo que quiere". Sin explicaciones porque somos la autoridad en casa. NO. ¿Y cómo quedan los límites? Pues ahí, acompañándonos también en el camino. Límites que no impiden el desarrollo pleno del niño. Que no estimulan la obediencia sin criterio. Donde el niño tenga la autonomía de expresarse, decir lo que piensa. Y a través de sus vivencias encontrar la responsabilidad de sus actos. Más que obligar, se trata de acompañar. Integrar los límites mientras los ayudamos a creer en sí mismos.

Si somos ejemplos constantes para nuestros hijos, imaginemos entonces cuánto podremos lograr desde el amor y la paciencia. Incitemos a pensar más que a ejecutar. Enseñemos a buscar una salida a la frustración, no siempre obtendremos lo que queremos. Cómo sería si enseñáramos que los errores se reconocen, y los sentimientos se muestran, como resultado, erraríamos más y aprenderíamos más, necesitaríamos menos y ayudaríamos más, viviríamos menos y amaríamos más. Seguramente seríamos mucho más humanos, menos perfectos y más felices.

RABIETAS VS. MAMÁ

Mis recuerdos de niña con rabietas son pocos. Siempre fui muy tranquila, pero además mi mamá no me permitía "esas malcriadeces", así que la solución para mí consistía en disimularlas. Hacerlas a escondidas, llorar y expresar "mi rabia" en una esquina.

De los padres de nuestra generación recuerdo frases como:

—Estás llorando por gusto.

—Sigue, para que veas lo que te va a pasar.

—Ven, para que ahora sí llores de verdad.

—Te dije que NO.

y para mí la peor y más extraña de todas:

—Te dije que no llores (justo después de una nalgada).

Hoy en día no sé cómo es posible hacer eso.

Lucas no pasó por las rabietas típicas de los 2 y 3 años. Evidentemente no me exoneré, solo se estaban aplazando. Hace unos días vivimos alguna que otra en casa. Las primeras eran graciosas y simplemente se iba tirando por cualquier rincón, ante mi ignorancia, se iba moviendo de lugar hasta que ya era muy evidente que necesitaba que mamá supiera que estaba bravo.

Mi manera de resolverlo en ese momento era simular que no lo veía y utilizar el típico: "¿Alguien ha visto a Lucas?". Así que en un segundo pasaba de estar molesto a estar jugando a los escondidos. Justo ayer y para ayudarme a escribir de un tema para el blog, tuvimos hasta ahora la más fuerte de todas. Nos trajeron una sorpresa a Adri y a mí y a él no le tocó esta vez.

Expectativa de mamá:

Quería que agradeciera y estuviera feliz por nosotros.

Realidad:

Dijo: "¡Yo-no-tengo-sorpresa!" (con marcadas pausas) Entró al cuarto, tiró la puerta y se lanzó en la cama, con edredón encima.

Rabieta: 1 – Mamá: 0

En ese minuto, solo me vino a la mente toda la información que había estudiado al respecto, incluidas las "17 estrategias para prevenir las rabietas" que había leído en el blog de Almudena Palacios hace un tiempo. Pero estaba teniendo un problema mayor, me había estudiado cómo prevenirlas, no cómo enfrentarlas una vez que estuvieran. Les iré contando entonces, cómo fue esta ardua batalla y cómo apliqué lo aprendido conociendo el comportamiento de mi hijo.

1. Ponte a su nivel para hablar con él

Este paso es muy importante, para mí se establece mejor conexión cuando me arrodillo a su altura, le agarro las manitos y le digo: "Puedes mirarme a los ojos, mamá necesita decirte algo".

2. Identifica qué le ocurre al niño

Evidentemente estaba molesto, pero más allá de no haber recibido regalo, entendí que probablemente esté recibiendo muchos. Así que esta situación también me sirve para saber que debo trabajar más en que no se sienta merecedor de todo y aprenda a agradecer por lo que tiene.

Rabieta: 1 – Mamá: 1

3. Ayúdale a expresar y conocer sus sentimientos

Aquí es donde entra la parte de preguntarle qué le sucede, qué lo molestó.

Sus razones fueron:

"¡Yo no tengo sorpresas!"

Le dije que muchas veces a él le ofrecen regalos que a mamá y papá no, además eran dos llaveros y él no utiliza llaves. También a nosotros nos gusta recibir regalos. En esta no tuve mucho éxito. Su respuesta fue: "¡Pero yo no tengo!".

Rabieta: 2 – Mamá: 1

4. Elección entre dos o más objetos o situaciones, que previamente tú has seleccionado.

Comencé a recordarle entonces que hace unos días, tía Kam le regaló un dinosaurio, y nosotros no recibimos regalos, pero nos pusimos muy felices por él (sentí que comenzó a entender).

Rabieta: 2 – Mamá: 2

5. Deja de preguntar ¿quieres...?

Él estaba molesto por una razón. Mi objetivo no era desviar su atención ofreciéndole otros objetos, sino ayudarlo a resolver ese conflicto. Justo entonces, volvió a taparse la cara con el edredón. Perdí un poco el hilo de la teoría y le dije:

"Ok. Ya mamá te explicó que no siempre los regalos son para ti. Pero es tu decisión si te quieres sentir bravo. Voy a bañarme".
Rabieta: 3 – Mamá: 2

6. Tiempo positivo para ambos

Unos segundos después entré al cuarto y lo agarré levantándose de la cama, poniéndose las chancletas. Sin embargo, cuando me vio se volvió a tapar. Mi propuesta fue:

"Mira, mamá se bañará ahora, y me acostaré contigo a ver la peli que nos copió papá. ¡Haremos Movie night!".

Su respuesta:

"¡Pero mamá, no tenemos palomitas!".

Rabieta: 3 – Mamá: 3

7.Abrázalo

Hecho.

8. Dile que lo quieres

Hecho.

9. Ayúdalo a ser responsable de sus actos

Así que fuimos a pedirle disculpas a papá. Aunque fue conmigo, se escondió detrás de mi y me dijo: "Díselo tú". Yo hablé y luego él se acercó y le dio un beso.

Rabieta: 3 – Mamá: 4

Lo que ahora leen muy rápido nos demoró bastante tiempo, pero fue muy grato lograr sacarlo de ese estado. Sé que esta es solo una entre tantas. No siempre tendremos el tiempo. Ni la paciencia. Ni la conciencia. Y justo eso nos hará diferentes. Si en ese momento, cada una de nosotras toma un respiro y recuerda que existen otras formas que no fueron probadas cuando fuimos niños, entonces será suficiente para empezar el cambio. Cada vez el vínculo con nuestros hijos será más fuerte. Le estaremos ganando a la imposición irrespetuosa. El universo sentirá la manifestación de paz y nuestros hijos sentirán que sus conflictos son escuchados. Recuerden que "es más fácil construir niños fuertes, que reparar adultos rotos".

Desde que comencé a escribir mi mayor pretensión era crear un espacio donde las madres pudieran compartir sus conflictos e ir desaprendiendo hasta entender que si estamos en calma nuestros niños serán felices. Parece sencillo, pero reprogramar toda una vida de creencias es directamente proporcional a resistirse ante el cambio. Es muy difícil asumir que estar en paz dará la felicidad y cómo estaremos en paz si tenemos "tantos" problemas en casa, así de recursiva es la mente del ego, y así de pretensioso y libertador es mi objetivo.

¿Cómo iba a imaginar entonces, que tantas personas iban a apoyarnos en este camino?

¿Cómo saber que tantas personas, aunque no fueran madres, me escribirían contándome las situaciones que viven con sus familias?

¿Cómo prepararme para responder a la avalancha de preguntas que me hacen, de las que no tengo idea?

El hecho de que al menos una madre sienta deseos de cambiar algo en la educación de su hijo después de leer algún artículo, porque le late, porque se identifica, porque lo sueña, para mí será un objetivo cumplido.

Si les cuento entonces que una madre me escribe porque quiere contar su historia al mundo, compartir sus experiencias porque siente que tiene algo que aportar a la sociedad y desea que sea través de Amar es el Milagro, pensarán lo mismo que yo: esta es la cumbre de todas las pretensiones posibles.

A Yaíma la conocí hace "algunos" años, estudiamos juntas en la universidad. Siempre la vi como una persona transparente y sincera, con pasos seguros, más madura que el resto de nosotros a esa edad. La recuerdo como una mulata preciosa, que bailaba kisomba como nadie.

Pasaron los años y gracias a las redes seguimos acá. Hace unos días, depositó en mí un reto enorme y hermoso. Sentí miedo, me sentí egocéntrica, me sentí diminuta y entonces, una vez más entendí que el amor no tiene dimensiones y que todo lo que se haga bajo sus leyes, siempre será un milagro. Así que aquí estoy entonces, para contarles a ustedes la historia de Edel Alejandro.

Amar es el Milagro (A): ¿Me presentas a tu hermoso?
Yaima (Y): Mi niño se llama Edel Alejandro Herrero Pérez y tiene 6 años.

A: Olvidemos la parte teórica que todos pueden investigar, desde tu experiencia ¿en qué consiste el autismo?
Y: Bueno, desde mi percepción de mamá, el autismo es algo totalmente diferente y extraordinario. Para mí el autismo es simplemente marcar la diferencia, un ser humano con una condición especial, que pueden llegar a tener una vida igual o mejor a la de cualquier persona.

No es menos cierto que limita a nuestros niños en algunos aspectos. En ocasiones cuesta un poco de trabajo que se puedan valer por sí mismos, pero con mucho amor, trabajo y dedicación se consigue. Es difícil para ellos aprender a leer y a escribir, demoran un poco respecto a los demás niños. Pero una vez que consiguen desarrollar sus habilidades son los mejores en lo que decidan que les gusta hacer.

A: ¿Desde cuándo lo diagnosticaron?
Y: Lo diagnosticaron el 8 de junio del 2016, tenía 3 años.

A: ¿Sigue algún tratamiento?
Y: Sí, tiene un tratamiento médico. Una vez al día toma un medicamento que lo ayuda a dormir mejor porque tiene dificultades para conciliar el sueño.

A: ¿Acude a algún centro educacional?
Y: Sí, él acude a dos escuelas de Enseñanza Especial, es de atención combinada. Lunes, martes y miércoles va a una escuela aquí mismo en el municipio que se llama "Maurice Bisohp", jueves y viernes a la "Dora Alonso" que es la escuela de autismo que está en el municipio de Marianao. Es bastante buena la educación, así no se aburre. Siempre está en lugares distintos y con nuevos amigos.

A: Siempre sentimos temor ante situaciones desconocidas ¿Cuáles fueron tus miedos?
Y: Tuve mucho miedo y lo que más me afectó fue el ver cómo el niño fue en retroceso. Él hablaba, se desarrollaba igual que otro cualquiera y como a

los 2 años justo, empezó a dejar de decir palabras, incluida ¡mamá!

Pero mi mayor miedo era que no volviera a reconocerme como su madre amorosa y dedicada. Gracias a Dios he tenido mucho apoyo de toda la familia y amigos y hoy mi hijo sabe que yo soy su madre y hasta mi nombre dice.

A: ¿Cómo es la vida con él?

Y: La vida con él es maravillosa. Es un niño extremadamente inteligente. Se ríe mucho.Le gusta jugar a las escondidas. Sabe cosas que de momento me pregunto ¿pero cómo? Me sorprende cada día con algo. Cuando miro su carita tan linda cuando duerme, así tan inocente, me doy cuenta de que soy afortunada de tenerlo en mi vida. Es una sensación que ahora mismo no encuentro palabras precisas para describir lo que siento cuando estoy con él.

A: ¿Cómo es la relación con la familia?

Y: La relación con la familia es muy buena, aunque como sabes los tengo lejos, pero me apoyan mucho y como te decía es muy amado, lo adoran tal y como es. Mi mamá, por ejemplo, lo ama como si fuera su hijo o más. Tengo 2 hermanos varones mayores, uno está aquí mismo en La Habana, cerca de mí y el otro en el interior con el resto de la familia. A ese hermano que tengo cerca lo reconoce hasta por el perfume, ¡Es increíble!

La familia de su papá es bastante preocupada y atenta, pendiente siempre de sus necesidades, principalmente a las educativas. La familia de mi esposo lo adora, es un miembro más, de hecho, el único varón, así que es el consentido de la casa.

A: ¿Qué es lo que más disfruta?
Y: Lo que más disfruta es montar a caballo. Le encanta. No puede ver un caballo que enseguida quiere montarse. Es su animal preferido.

A: ¿Qué has aprendido de él?
Y: De mi niño he aprendido mucho, por ejemplo, a leer las miradas de las personas. En nuestro caso, como él no habla mucho, cuando me mira me habla con sus ojitos. No necesito palabra alguna para saber qué es lo que necesita.

A: ¿Dónde encuentras información importante?
Y: La información que necesito la proporcionan las mismas escuelas. Por supuesto, también investigo en la Internet, en conferencias que dan los mismos médicos que los atienden y que en ocasiones vienes de otros países con un poco más de conocimientos.

A: ¿Qué te hizo entender que debía ser tu misión?, ¿Cuál ha sido tu milagro?
Y: Para ser honesta contigo y con todo el que lea este artículo me costó mucho tiempo entender, pero lo logré y fue ahí que supe que tengo una gran capacidad de dar amor. Comprender algo que simplemente es diferente a lo que vemos a diario.

Me considero una excelente madre, con una paciencia que ni yo misma sabía que tenía y mi hijo es feliz y muy amado. Creo que por esa razón Dios confío en mí y me dio este niño tan especial porque sabía que como YO nadie lo amaría más.

A: ¿Qué le dirías a los padres que se enfrentan a esta situación?

Y: Les diría a esos padres que están en la misma situación que sean fuertes y perseverantes. Que nunca se rindan y que no dejen a sus hijos de la mano porque simplemente tengan una condición ESPECIAL y diferente. Nadie se imagina lo amorosos e inteligentes que pueden ser siempre con la atención y educación adecuada. Se siente una gran satisfacción al ver que nuestros esfuerzos no son en vano, se siente muy bien ver cómo mejoran cuando haces todo lo posible para que tengan la mejor educación. Yo nunca me rendiré con él. Es mi amor, lo más preciado, lo más importante en mi vida. Para él vivo y viviré.

A: Después de leerte, me queda poco por decir y mucho por agradecer. Gracias por depositar en mi tu confianza. Gracias por darme otra lección de vida. Desde acá espero que tu niño siga creciendo feliz y tú sigas inspirando a otras madres en el camino.

CELOS, ¿MAMÁ Y PAPÁ?

Siento que a medida que vaya escribiendo este artículo se ramificará y cambiará de protagónico, porque dispuesta a escribirles aún no tengo todas las respuestas, pero me encanta que sea así. Necesito que sepan que #lamamadelucas no tiene todas las ases bajo la manga.

Hace días me empezó a rondar esta idea en la cabeza: los padres se ponen celosos de los hijos. Y no me refiero a celosos en el plano carnal, sino en el tiempo que se les dedica. Nunca escucho del tema y supuse que sea un poco atrevido escribirlo, pero observar y reconocer es la única forma de sanar. Así que luego de mi "sospecha" le hice la pregunta a más de un amigo padre, y la respuesta fue la misma: "Entiendo que las madres necesiten este tiempo, pero la verdad es que antes...".

Así que comencé a leer, y resulta que esta situación es más que habitual. Con la llegada del bebé y la redistribución de cuidados, surge esta nueva reacción emocional en la que algún miembro de la familia siente una sensación de pérdida hacia otro familiar al que "considera suyo" y del cual ya no tiene toda la atención.

Seguía investigando y las soluciones eran buscar el equilibrio entre el tiempo de mamá y el tiempo de esposa, buscar tiempo para hacer vida en pareja, aunque sea 30 minutos de intimidad al día para hacer lo que deseen e incluso involucrar a papá en las actividades para que no se vea en un plano aparte..., sin embargo, aunque no desecho los consejos, me parecía más de lo mismo. Teorías sociales donde la mujer debe ser mamá, ama de casa, esposa, y en el tiempo de descanso arrullar a un esposo para que no se sienta aislado. ¡PUES NO! Y no es feminismo, es que a la larga, si hacemos estas cosas por complacer, se pierde el deseo, la emoción, la pasión. Hacer lo que no queremos nos empuja al sacrificio, a la culpa e inminentemente a la infelicidad. Me apunto lo de pasar más tiempo juntos, pero aquí hay algo que no estoy mirando.

Le comenté a Adri por dónde andaba mi cabeza, se negó y me dijo que no eran celos, pero me dio sin dudas otra perspectiva, me sugirió que investigara sobre cómo distribuir la energía. Según él, la intensidad que le dedico a Lucas no es la misma que al resto de las personas en casa. Al no hablar de tiempo, sino de descargas emocionales, me hizo pensar más y creo que encontré mi propia razón y nuestra solución.

Teníamos este rollo:

Trabajo mucho, siento que tengo poco tiempo con Lucas, llego y le dedico todo lo que puedo hasta dormirle, resultado final, tengo un niño feliz y un esposo protestón. ¿Cómo lo resuelvo?

Lo primero que hice fue pensar que cada juicio que hacemos es una confesión. Así que ya "los supuestos" celos de Adri pasaron a segundo plano, es más fácil echar la culpa fuera, pero ya aprendí que la solución siempre estará dentro.

Es simple, si yo creo que él siente celos, los siento

yo. Siento temor de perder algo o alguien. Incluida la necesidad de sentirme amada y valorada. Una de las modelos que proyectamos en los hijos son nuestros vacíos y faltas, todo lo que nos hubiera gustado tener en nuestra infancia.

Al sentirme culpable por no dedicarle todo el tiempo, y este nivel de dedicación está medido por el que yo creo que a mí me hizo falta (vaya usted que rollo), trato de aprovechar todo lo que puedo con Lucas, pero tatata tan...

¿Cómo sé que le doy lo que necesita?

¿Cuáles son los vacíos que tengo de mi niñez?

¿De qué quiero llenar a mi hijo?

¿Qué estoy esperando que haga Adrián y por qué? Constantemente estamos buscando que alguien llene las expectativas, y ahí el otro debe reaccionar de la manera en la que YO estoy esperando que haga, como me gustaría a MÍ que fuera, siguiendo los patrones de lo que para mí es lo correcto y él por su parte hace lo mismo. Entonces cuando no sucede lo que tenemos predefinido comienzan las desilusiones. Pero les tengo dos mantras que me han resuelto más de un problema: "Cada cual hace lo mejor que puede con la consciencia que tiene" y "Lo obvio, queridos míos, es individual".

Una vez respondidas las preguntas, que esas no las escribiré porque son de consumo personal, entendí las razones por los cuáles sobrecargos a Lucas, y quiero liberarlo de esa responsabilidad. Ha sido tan buena esta terapia, que, para la suerte de Adri, celoso o no, termino de escribir más liviana, más serena y con muchas ganas de apapacharlo mucho. Me convenzo en cada paso de que para tener un niño feliz, tiene que haber una mamá en calma. Reafirmo que somos espejos de los otros y todo lo que se hace con amor jamás será un sacrificio. Los invito a realizar esta práctica, a mirar un poquito adentro, siempre será en la luz donde desaparecerán las sombras.

ABUELA, ¿QUÉ PASARÍA?

Hace unos días alguien me escribió para sugerirme un tema, imprescindible, pero muy sensible. La influencia positiva y negativa de los abuelos en la crianza de nuestros hijos.

Situaciones hay de todos los tipos. Tenemos abuelas que sobreprotegen, abuelas que no se dan por enteradas, abuelas que conviven, abuelas que visitan, abuelas que ayudan en todo porque "tienen más experiencias", abuelas que no apoyan "porque ya sus hijos son grandes", en fin... me ha costado escribir porque creo que este es un tema donde la tela para cortar siempre nos estará sobrando. Confieso que dudé, pero en estos días en los que mi abuela me acompaña en casa, la miro y siento todo el amor que le tengo, y pasan por mi mente tantos recuerdos felices, tanto soporte, tanta felicidad que me decidí. Porque el amor que les tengo a mis abuelos, los que están en la tierra y los que están en el cielo, quiero trasmitírselo a Lucas para que lo sienta por los suyos. Así que investigo, me arriesgo, me sincero y les cuento.

Cuando salí embarazada, Adri y yo trabajábamos en la UCI, y nos encantaba vivir en La Habana, sin embargo, teníamos algo claro, ambos queríamos que la familia disfrutara del niño. Así que nos llevamos la vida de regreso a Camagüey.

Lucas tiene 5 abuelos, los 4 de sangre que la biología exige y 1 más que se lo gana con mucho amor. Su relación con cada uno de ellos es diferente: lo malcrían, lo consienten, me exigen atención para él, lo arrullan como a un bebito, y él hace de todos lo que quiere. A veces, sobrepasa mis límites permisibles, en ocasiones tengo que recordarles que no soy una niña, pero ¿saben qué?, él es tan feliz y ellos le dan tanto amor, que me callo y me digo "luego lo resuelvo en casa".

Sé que cada una puede tener una percepción diferente, de acuerdo con la realidad que vive. Lo más importante, es que todos tengamos claro que con la llegada del bebé los roles cambian y cada miembro de la familia tiene algo nuevo que aportar. Mi mayor deseo con este artículo es que comprendamos por qué es importante respetar el derecho de los abuelos, por qué actúan de una manera u otra, identificar algunos comportamientos que no deberían tener los abuelos y cómo delimitar los límites sin herir.

Hay una realidad imperiosa aquí: educar a nuestros hijos respecto a sus abuelos mantendrá una armonía familiar de la que el niño también es parte y será la manera en que nos tratarán a nosotros, una vez que lleguemos a esa etapa de la vida. Es demasiada información para procesar, así que trataré de dejarlo plasmado por puntos, que me parece una manera más fácil de digerir.

Beneficios de los abuelos:

-Están para jugar, consentir, amar y divertirse con sus nietos.

-Son los encargados de trasmitir las tradiciones y la cultura familiar. Historias, costumbres, anécdotas, recuerdos, travesuras, que van pasando de generación en generación.

-Saben escuchar a sus nietos y estos le escuchan a ellos en cuestiones relevantes.

-Nunca tienen la prisa de los padres.

-No expresan la rigidez de mamá y papá.

-Son los seres con más conexión luego de los padres.

-Ser un abuelo es una de las alegrías especiales de envejecer.

-Razones por las cuales una abuela puede obsesionarse con educar y cuidar a su nieto:

-Aman el papel de madre. Vio que terminó su tarea como mamá y no tiene otra labor que la haga sentir plena. Han disfrutado muchísimo su papel, el cuidado que tuvieron con sus hijos y les cuesta trabajo delimitar el del nieto.

-Sienten que son irremediablemente necesarias.

-Quieren orientar al hijo, intervenir y tomar decisiones porque están convencidas que tienen las soluciones.

-Quieren ayudar, pero de una forma autoritaria, porque están convencidas de que ellas lo hicieron muy bien, los resultados fueron grandiosos. Entonces quieren educar a los nietos como educaron a sus propios hijos.

Es importante que tanto los padres como los abuelos entendamos los límites, los abuelos apoyan y miman, los padres criamos. Es un ciclo y cada uno tiene que estar de acuerdo. A veces criticamos el método de crianza que se establece, pero cuando los abuelos "tienen que" cuidar a los niños de una manera rutinaria, ya se van intercambiando los roles. No disfrutan a los niños, sino que se hacen cargo de ellos. Les dejamos a nuestros hijos porque tenemos que ir a trabajar y si no pueden cuidarlos, nos frustra mucho (o sea que creemos que siempre tienen que estar ahí), pero si no lo cuidan como nosotros queremos, nos enfadamos. Esto, a mi entender es más agresivo que ser permisivo.

Me he visto muchas veces en esa situación, así que me hago consciente de que cada cual lo hace de la mejor manera posible. Lo que debilita la crianza, el cuidado y el respeto, es no aceptar a los otros tal y como son. Porque nuestros hijos aprenden a ser de cómo nosotros somos, aprenden el amor en función de cómo nosotros amamos, aprenden el respeto en función de cómo nosotros, con nuestras actitudes, se lo enseñamos.

Abuelas que me leen, soy madre joven, tengo mis propias ideas de lo que es la crianza, necesitamos aprender por nosotras mismas, porque es el momento de vivir nuestra experiencia. Dejo entonces algunos consejos que ayudarán en la armonía y el respeto familiar, y estoy segura de que más de una madre y una abuela me lo agradecerán.

-No esperar que los hijos eduquen a los nietos como lo hicieron ustedes.

-La manera de educar es el reflejo de los valores, así que no teman, de alguna manera directa e indirectamente todo lo que ustedes trasmitieron se estará pasando a la próxima generación y lo que no dieron que nosotros necesitábamos, es lo que estamos aportando. Ahora tenemos más información acerca de cómo piensan, sienten y se desarrollan los niños, y por lo tanto educamos de manera distinta.

-Dar lecciones sin que se las pidan.

-Escuchar y aconsejar a los nuevos padres cuando ellos pregunten puede ayudarles, pero dar los consejos de una manera imperiosa no funciona. Cuanto menos y de manera más respetuosa se haga, mejor será para todos.

-No deben hacer sentir incómoda a la madre con su estilo de crianza.

-La madre de tus nietos (en acuerdo con el padre) son las únicas personas que deben opinar sobre el método de crianza. Cada madre debe elegir el método que considera mejor para ella y su bebé.

-Criticarlo o juzgarlo puede crear una brecha irreparable.

-No deben comparar a un nieto con otro.

-Cada nieto es único e irrepetible. Si crees que comparar a un nieto poco aplicado con otro estudioso, o a uno revoltoso con otro obediente, va a ayudarles a mejorar su comportamiento estás errado. El efecto es justo el contrario al que esperas y puedes dañar su autoestima.

-No culpen a sus hijos por su forma de educar.

-Recuerda que criar a los niños en el mundo actual puede ser más difícil que en tus tiempos y tus hijos lo hacen lo mejor que pueden. En cualquier caso, la responsabilidad de cuidar y educar de tus nietos es de los padres. Si quieres ayudar, pregúntales que necesitan de ti e intenta no juzgar.

-No imponer creencias en los nietos.

-Tus nietos desarrollarán sus propias creencias y valores en función de lo que aprendan de sus padres y de su propia manera de sentir. Decir a los nietos que tienen que ir a la universidad o que deben casarse y tener hijos para ser personas de provecho puede no encajar con su forma de ser y condicionarles de por vida.

-Tampoco deben presionar para que sus hijos reduzcan su jornada laboral o contraten ayuda en casa.

-La vida económica de los hijos es un tema delicado. Presionarles puede contribuir a aumentar tensiones. Oriéntales si te lo piden y actúa siempre con el máximo respeto.

-No les traspases tus prejuicios a los nietos.

-Estamos en era de unión, de enseñar más amor, de respeto hacia los demás. Los prejuicios pueden limitar la capacidad de los nietos de relacionarse con otras personas y contribuir a que desarrollen un carácter resentido y desconfiado. Si quieres que tus nietos sean felices, ayúdales a abrir la mente, no a cerrarla.

-No te conviertas en detective preguntando información a tus nietos sobre sus padres.

-Evita el interrogatorio. No utilices a tus nietos para tus propios fines, no les hagas dudar sobre la relación de sus padres ni hagas que tus nietos tomen partido por uno de ellos.

Y hablando de abuelos, justo cuando iba por esta parte, llega mi abuela a decirme que si pienso pasarme el domingo con la laptop, le explico orgullosamente que estoy escribiendo sobre los abuelos y me dice: "¡Usted es dueña de casa, no piensas arreglar!". Afortunadamente hace frío, tengo una colchita a mi lado y están dando *El Rey León*, así que la persuadí y le pedí: "¡Ven, siéntate conmigo!". Por ahora quedó resuelto...

Madres y padres que me leen. Más importante que las reglas para los abuelos es la forma que utilicemos para establecerlas porque de nuestro estado emocional dependerá la tranquilidad y felicidad de nuestros hijos. Así que para ustedes también dejo algunos consejos sobre cómo solucionar las diferencias de criterios sin abrir heridas.

-Sé paciente, habla todas las veces que sea necesario. Explica cada una de las razones por las que no estás de acuerdo con su método.

Incentiva su empatía. Las abuelas también fueron madres primerizas. Haz que te cuenten cómo se sentía cuando la abuela de sus hijos le daba órdenes.

-Agradece cariñosamente los cuidados y atenciones que la abuela tiene con tu hijo. Recuerda que antes que nadie, las abuelas dispuestas, son tu mejor opción para cuidarlo.

-Recuérdale que amas a tu hijo tanto como ella y que eres tú la primera fuente de autoridad sobre el niño.

-Separa roles, el niño aprenderá qué puede hacer con la abuela y qué no está permitido con mamá y papá. A ti te corresponde poner límites, eso está claro.

-Elogia sus buenas intenciones, siempre que una persona recibe reconocimiento, su mente se abre a las nuevas ideas.

-Escucha sus consejos, si no estás de acuerdo igual agradécele su buena intención.

Busca influir en ella, desde la inspiración y no desde el conflicto. Cuando vea que tienes todo controlado empezará a respetar tus criterios.

-Todos estamos aprendiendo y todos debemos respetarnos. No serás peor hija/nuera por decirle a tus padres/suegros lo que piensas, siempre que sea con cariño. Recuerda que una verdad dicha sin amor se convierte en una agresión. Tener a los abuelos cerca, de una forma positiva, siempre es un alivio. Es necesario comprender que el amor por los nietos a veces se sobrepasa, pero no alejes a quien en el fondo solo quiere ayudar, de la mejor manera que sabe. Siempre podremos dejar un tiempo de "malcriadez" para los hijos. Por lo tanto, no temas, si estás educando de manera consciente ellos aprenderán quién establece las reglas y con quién pueden romperlas.

Han pasado tantas imágenes por mi mente mientras leía y escribía, he comprendido tantas cosas, incluso de cuando era niña, que espero ansiosamente que sirva para mucho.

Respeto, admiración y gratitud eterna para mis abuelos.

Este escrito es diferente. Lo siento más íntimo, más transparente, menos teórico y más práctico. Es una sensación rara, escribo en la computadora y siento que todos me escuchan. ¡Y es tan mágico! Hace unos días hablábamos en el grupo Amar es el Milagro de la importancia que trae darle un beso a nuestros hijos al despertar.

Algunos de los beneficios descritos eran:

- Estrecha los lazos entre padres e hijos
- Refuerza su seguridad y autoestima
- Lo hace sentir amado
- Se conecta con sus emociones
- Desarrolla su lenguaje no verbal
- Experimenta sentimientos de bienestar
- Reduce estrés y ansiedad
- Promueve su salud emocional y psicológica

A sabiendas que soy la mami más "babosa" que Lucas pudo tener, recordé que hay un método que aplico cada noche, o la mayoría de ellas, me resulta tan liberador que quise compartirlo con ustedes: seres maravillosos con ganas de desaprender y de dar mucho amor.

Tengamos claro que, en los primeros años de vida nuestros hijos están formando su personalidad y cada palabra que les digamos estará condicionando su confianza, sus temores, sus pasiones, sus miedos. Somos el resultado de la información que en nosotros depositaron y así mismo lo estamos haciendo con nuestros niños, por eso es importante hacer un "stop" y pensar cómo y con qué los estamos alimentando.

Aún no había escrito nada al respecto. Hasta hoy, que abro mi Instagram y me encuentro esta nota maravillosa en el perfil de @mipsicomama, una cuenta que amo y que se la recomiendo a todas.

"Si tus hijos se alimentasen de las palabras que escuchan constantemente de ti sobre ellos, ¿se nutrirían o se envenenarían?

Entonces, como bruja que cree en las señales del universo, supe que era el momento de compartir con ustedes todo lo que sé de la Hipnopedia.

Si buscan en Internet para ampliar más sus conocimientos podrán leer que el término Hipnopedia significa "aprender por medio del sueño" y fue descrito por el escritor y filósofo inglés Aldous Huxley en su libro *Un mundo feliz*. El método consiste en hablarle al niño durante 21 días seguidos mientras duerme, cuando ya está en el sueño profundo, que es aproximadamente dos horas después de que se ha dormido. La explicación que he leído sobre esto es que cuando el niño duerme las palabras van directo al inconsciente, quien escucha cientos de veces más que el consciente.

Debe ser con un tono amoroso y suave, se podrá utilizar para ayudarlo a que logre algún propósito, por ejemplo podría ser que no sea agresivo con sus amigos para lo cual utilizarías: "Mi niño(a) mañana jugarás feliz con los niños de tu clase" o simplemente decirle cuán orgullosa estás de él(ella) y lo bendecida que te sientes de que sea tu hijo(a). Y siempre terminar con una frase amorosa, un Te quiero o un Te amo.

En mi caso personal, no lo hice 21 días, lo hago siempre que puedo, siempre que no me duermo junto o primero que él, ya se convirtió en una práctica diaria. La mayoría de las veces llego tarde a casa, así que siempre siento que me faltaron momentos para estar con Lucas. Otras veces no aplico la observación y lo regaño antes de encontrar qué está provocando algún comportamiento específico. De esta forma aplicar esta técnica para mi ha sido muy provechosa, me siento sumamente feliz, menos culpable, me permite disculparme con él, si no fui capaz de percibirlo durante el día y le estoy transmitiendo a mi hijo calma durante su sueño.

Nunca lo he utilizado directamente para influir en un comportamiento específico, porque para ser sincera lo noto un "pelín" manipulador, así que siempre lo he hecho diciéndole frases que lo ayuden a equilibrar su energía emocional y espiritual, su seguridad y su amor propio. Algunas veces me pillo llorando cuando le hablo, pero les juro que es de felicidad, es llanto de cuando purificas el alma y sientes lo que estás diciendo y entonces mis amores, desaparezco todas mis quejas y agradezco infinitamente a la vida por tenerlo.

De esta forma ya tenemos dos herramientas infalibles, al terminar y al comenzar el día. Ninguna requiere de esfuerzo, nos estamos regalando una oportunidad de amar y ser sinceros. Ahora me quedo ansiosa de saber cómo les va y si deciden hacerlo. ¡Los espero!

¿POR QUÉ AMAMOS A NUESTROS HIJOS?

Justo ayer tuvimos esta conversación, no pude dejar de indagar. Se me remueve la musa cada vez que mi hijo me hace pensar y como siempre acá les comparto.

Lucas (L): Mamá, te amo.
Yo (Yo): También te amo, mi niño.
L: Mamá te amo con mi vida y con mi corazón.
Y: ¿Qué significa para ti "te amo"?
(Mirada pensativa).
L: Amor.
Y: ¿Y qué más?.
(¡Cómo si no fuera suficiente!).
L: Todo.
Y: Sí, pero yo quiero saber por qué tú dices que me amas (impertinente como somos los adultos).
L: ¡Lo hablamos otro día, mamá!
Fin de la cita.

Me quedó claro que su salida fue airosa. Pensaba que, hay muchísimas respuestas que pudieran encajar, sin embargo, cuando decidí verlo de otra manera y sentarme yo en el banquillo de los acusados, pensé en ¿qué le respondería yo a Lucas si me pregunta lo mismo?
¿Cuántas veces no te has preguntado cómo puedes querer tanto a alguien que conociste hace tan poco? Para nosotras es un amor que no tiene explicación ni límites, mas nos imponemos estilos, seguimos

paradigmas, dividimos las emociones y le ponemos diferentes nombres. Pensamos en cómo queremos que se enfrenten a la vida, sin dejarlos cometer errores. Nos sentimos culpables de no dedicarles todo el tiempo y peor aún, no somos coherentes con lo que pensamos, sentimos y decimos, sin embargo, tenemos toda una maestría para controlar qué tendrían qué hacer nuestros hijos. ¿Escondiendo qué? Todo lo que nos faltó a nosotros. Proyectando los deseos no cumplidos. Queremos que cambien aspectos de nosotros mismos que no aceptamos. Y volvemos a la esencia. Somos espejos. Nuestros hijos son nuestro reflejo. Llegan para mostrarnos nuestras sombras.

Mis ejemplos, y he elegido solo algunos "negativos" pueden parecer triviales, pero me ayudan a analizarme y a observar:

Expectativa	Resultado	Realidad
Que recoja sus juguetes cuando termine.	Quiero que sea organizado y respete el trabajo de los demás.	Soy felizmente regada.
Que no pase tanto tiempo en el Tablet.	Quiero que interactúe al aire libre.	Dudo que haya alguien que pase más tiempo frente a una pantalla que yo.
Que juegue en su cuarto.	Quiero que disfrute todos los juguetes que tiene.	Pienso, él los tiene todos y no juega, yo no tenía casi nada y no paraba de jugar.
Que cuide sus cosas.	Quiero que valore el hecho de que hay otros niños que no pueden tener lo que él.	Es mi niña interior la que quiere tener todos los juguetes que no tuvo.
Que hable por teléfono cuando llama alguien de la familia.	Quiero que sepa que la familia es importante y hay que estar disponibles para ellos.	Me pone de mal humor hablar por teléfono, y de paso, siento que tengo la responsabilidad permanente y agotadora de estar siempre disponible para mi familia.

La realidad sobre lo que ocurre la conforma nuestra conciencia, las emociones y los recuerdos que le asociamos. Siempre será consecuencia de la interpretación que hagamos de lo que sucede. Así que no abandono los resultados que quiero, para acompañarlo hacia la autonomía y la libertad. Decido cambiar la percepción con la que miro, de modo que sea conforme y genuino, y no se convierta en una mejor versión de mí.

Afortunadamente, nuestros niños son muy sabios y esta frase me lleva directamente a otra lección de vida de las que aprendo con Lucas. Para comenzar con las buenas vibras y todas las energías en casa en el nuevo año, agarré un incienso y fui haciendo mis conjuros, todo tal cual me nacía, bailar, cantar y moverlo por el aire de manera que toda la casa se llenara de olor (y de lo que fuera que yo estuviera invocando). Lo real es que fui habitación por habitación, hablando lo que quería para este año: paz, armonía, conciencia, tranquilidad, una mente calmada. Creyendo yo, que por no pedir nada material estaba siendo más mística y espiritual. A Lucas le encantó verme, así que le dije que ahora era su turno, que fuera pidiendo todo lo que quería e incluso, subestimé su claridad y le di algunos ejemplos, por si no se le ocurría nada. Fue simple. Salió corriendo por toda la casa, incienso en mano y una sonrisa de esas que no tienen precio, diciendo: "¡Te amo mamá, te amo, mamá, te amo, mamá!".

Eso es todo lo que él necesita, y lo tiene claro.

A este punto en dirección a mi respuesta, las obviedades las tengo controladas:

- Eres mi niño
- Naciste a través de mí
- Tienes un 50 % de mi información genética
- Te deseé antes de que nacieras
- Te cuidé desde el primer momento
- Te protejo
- Te educo
- Te ayudo
- Te defiendo
- Casi todo lo hago pensando en ti

Sin embargo, entiendo que "te amo" de una manera indescriptible, de un modo intenso. Te amo sin importar lo que digas y lo que hagas. Te amo sin juzgar. Te amo con respeto y paciencia. Porque amándote me amo y se siente una felicidad absoluta. Te amo porque te miro y pienso en lo afortunada que soy, y lloro de felicidad, de gratitud eterna al universo.

El amor, a diferencia del apego, no necesita explicación. Te libero de mis pasados y ataduras. Te acepto y te amo como eres. Te suelto y permito que las cosas sean, que a fin de cuentas es lo mismo que darme el permiso para ser lo que soy.

Tenemos la capacidad para amar incondicionalmente a todos los seres del planeta, solo que nos dormimos mientras la vida pasa. Los hijos nos recuerdan a qué vinimos aquí. Los hijos son otra oportunidad generosa del universo para recordarnos que amar es, nuestro estado más puro.

Tus hijos no son tus hijos.
Son hijos e hijas de la vida deseosa de sí misma.
No vienen de ti, sino a través de ti y aunque estén contigo no te pertenecen.
Puedes darles tu amor, pero no tus pensamientos, pues ellos tienen sus propios pensamientos.
Puedes hospedar sus cuerpos, pero no sus almas.
Puedes esforzarte en ser como ellos, pero no procures hacerlos semejantes a ti.

Tú eres el arco del cual tus hijos, como flechas vivas, son lanzados (...).
Deja que la inclinación en tu mano de arquero sea hacia la felicidad.
KHALIL GIBRAN, *Sobre los hijos*

PEGAR NO ES MI SOLUCIÓN

En el artículo "Como es adentro, es afuera" dejé abiertas varias interrogantes con el objetivo de hacer un viaje hacia nuestro interior y entender desde ahí por qué actuábamos de una manera u otra. Hace días estoy pensando en este tema (no pegar a los hijos) y otra vez aclaro que este blog surgió con la idea de expresar mis experiencias, de compartir el camino de la crianza consciente, donde todos aprendemos de todos. No es mi intención criticar, ni generar conflictos entre padres, y mucho menos confrontar con quien no apoye mi opinión.

Cada cual elige como vivir, y tengo muy claro que cada cual hace lo mejor que puede con la consciencia que tiene. Y eso sí lo exijo si estás aquí, que hagas lo que hagas seas consciente de las repercusiones positivas y negativas que tiene. De modo que no tengas que sentir culpa ni miedo, de forma tal que no te justifiques ni te victimices. Si bien podemos tomar en cuenta cómo fuimos criados, también podemos decidir si queremos replicar o transformar todo lo que sabemos. Hoy solo quiero mostrar que existen otras alternativas.

Hace unos días escribí sobre lo complicado que se tornan las situaciones cuando no son resultado de nuestras expectativas. Y es que es más de lo mismo, buscamos satisfacer ideales a toda costa y realmente lo que hacemos es apresarnos en una conducta que nos hace reaccionar negativamente en relación al comportamiento de los otros.

Creemos que nuestros hijos "deberían" comportarse de una forma determinada sin antes darles herramientas para tal fin, sin ser consecuentes con lo que predicamos.

Sinceramente no tengo recuerdos de haberle pegado a Lucas, pero sí le he gritado, sí lo he obligado a hacer lo que no quiere y ¿cuál ha sido el resultado? Ver a mi hijo llorando y en ese minuto percibir que me equivoqué, que no quería hacerlo, que eso no es lo que quiero que aprenda. Así que termino mirándolo fijo y pidiéndole que me disculpe, que mamá se descontroló. ¿Qué recibí? Un abrazo de mi hijo y un "Te amo, mamá". Parecerá mejor, pero fue peor. Entendí que de él aprendo, que tienen más compasión que los mayores y que realmente si yo hubiese estado en calma, mi reacción ante esa situación hubiese sido diferente.

Por fortuna cada día me tomo más tiempo antes de reaccionar, y no significa que Lucas es el niño adulto que no se porta "mal" y que hace todo como quiero, ni que yo sea la madre perfecta que no se sale de control. Sólo que ya aprendí, porque alguien muy sabio me lo enseñó, que a los hijos se les pega por tres razones fundamentales: falta de tiempo, poca paciencia y mucho miedo.

¿Por qué mi hijo actuó del modo cómo lo hizo?

¿Cómo actué yo durante el episodio?

¿Qué necesitaba yo de mi hijo en esa situación?

¿Qué necesitaba mi hijo de mí?

Pegarles probablemente resuelva a corto plazo el conflicto, y cada cual se ubique en su rol, tú eres el padre autoritario que controla y al que hay que obedecer, pero él estará:

Reprimiendo sus emociones.

Disminuyendo su umbral del dolor, de modo que cada vez tendrás que pegar más duro, porque a él le dolerá menos.

Aprendiendo a hacer a escondidas las cosas que desea, porque de otro modo recibirá un castigo.

Aprendiendo que quien le ama puede pegarle, que quien le ama puede hacerlo sentir mal.

Aprendiendo que está bien pegarle a alguien, si es por su "bien".

Lastimando a los que son menores que él.

Si no quiere que lo lastimen deberá hacer lo que los demás quieren.

Y uno de los más peligrosos, está bien que le temas a alguien que amas, porque de eso se trata el "respeto".

Estoy segura de que visto así, muchos se replantearán la necesidad de parar antes de actuar, de tomar un minuto para distinguir lo que queremos que aprendan y de qué queremos nutrirlos. Lo mejor será enseñarlos a gestionar de manera positiva sus emociones, comunicando lo que les sucede y lo que les frustra.

Esperar que los hijos hagan lo que yo digo, más no lo que yo hago es simplemente lanzarlos a actuar de un modo para el cual no los hemos preparado. Pedirles a los hijos que se controlen cuando yo como adulto no me controlo, que gestionen sus emociones cuando yo me desbordo, que entiendan cuando yo no entiendo, que traten a todos por igual cuando yo a le reduzco, que busquen alternativas para canalizar su rabia, cuando yo soy reactiva ante la mía, es una apuesta vacía que poco dará resultado.

Como lo veo, la mejor forma de cambiar las conductas poco beneficiosas de nuestros hijos será cambiar nuestras reacciones ante estas situaciones. Si quiero que mi hijo no sea violento, es incongruente usar la violencia para lograrlo. Nuestras acciones necesitan ser consistentes con aquello que predicamos, nuestros mensajes necesitan concordar con aquello que hacemos, solo de ese modo lo que transmitimos cobrará sentido en la experiencia del niño.

No se trata de una receta, de una teoría, sino de un camino, una ruta, un paso a paso hacia el autoconocimiento y la autogestión. De esta forma entenderás que frases como: "es que si no le pongo control cree que manda", "si no le pego me pegará él" "tengo que ponerme fuerte para que recuerde que quien manda soy yo"surgen cuando asumimos que somos la "autoridad" en el hogar y en la relación con los hijos. Realmente la sensación de falta de control nos descontrola, el miedo, el poco respeto por parte de los otros, poca consideración. Nos llevan a experimentar la necesidad de reafirmación y surgen entonces las luchas de poder que terminan siempre en un niño herido y una conexión entre padres e hijos fragmentada.

La próxima vez que vivas una situación de este tipo recuerda lo que leíste, y aunque pienses que mis métodos no sirven de nada, que a ti probablemente te criaron así y "no tienes ningún problema" mínimo, antes de tirar por la borda todo lo que hemos aprendido, te pido llevar a cabo estas acciones:

- Piensa que son tus pensamientos, son tus expectativas, son tus creencias, la necesidad de control, tus luchas, tus heridas, no es tu hijo, no es su conducta, no es la situación.
- Estás enojado, sobrecargado, estresado... respira profunda y lentamente.
- Si reaccionas de manera violenta, ¿estarás logrando las metas a largo plazo?
- Detente, escucha y busca las causas del comportamiento de tus hijos.
- Toma una pausa, si sientes que estás a punto de perder el control, date un tiempo fuera.
- Sé firme pero amorosa, da instrucciones claras, manteniendo la calma.
- Habla con él, siéntate de tal manera que estés a su mismo nivel. Míralo a los ojos, pero de forma tranquila, no amenazadora. Escucha sus respuestas.
- Dale opciones.

Por ejemplo: si tu hijo tiene dificultad para hacer la tarea, y tú observas que está muy cansado, pregúntale si le gustaría tomar un descanso, salir a jugar un rato y después regresar a hacer la tarea o si prefiere apurarse a terminar la tarea ahora para poder salir a jugar más pronto. Su agradecimiento será tanto que sabrás enseguida que lo estás haciendo de la forma correcta.

Recuerda que los golpes producen un dolor físico y un dolor emocional. El dolor físico dura unos minutos pero el dolor emocional, toda la vida. ¿Te estoy manipulando? Sí, quizás un poco pero quiero que llenemos la vida de nuestros hijos de tanto amor que cuando sean padres y eduquen a sus hijos no tengan ganas de cambiar nada de lo que aprendieron con nosotros.

AMARME MÁS PARA VIVIR MEJOR
—Autocuidado—

A veces tenemos más proyectos de los que podemos, acumulamos más preocupaciones que soluciones, nos creamos más historias que los hechos reales que están pasando. Eso solo no te pasa a ti, nos pasa a todos. Unas veces lo decimos, otras lo escribimos, otras le echamos la culpa a la casa, al trabajo, el transporte, la esposa, el esposo y otras veces lo reprimimos tanto que nos enfermamos.

Desde mi perspectiva, las enfermedades siempre llegan para mostrarnos algo, a veces logro detectarlo antes de que ocurra, y otras como cuando me salió el herpes zoster que se me reventó la pierna, pero ahí voy, aprendiendo a conocerme. Los síntomas físicos siempre son un medio de comunicación. Escucha a tu cuerpo para que sepas qué NO estás haciendo por ti.

En inicio pensé escribir solo para las madres, el autocuidado es vital para practicar una crianza respetuosa y consciente. Quería compartirte cómo entendí que debía amarme más para criar mejor, pero en realidad, el autocuidado es algo que debemos conocer, aplicar y disfrutarlo todos.

Siempre que me siento así, abrumada, perdida, temerosa, indecisa, con más dudas que certezas, regreso al ser: camino, recojo flores, pongo inciensos, ando descalza, me baño en la lluvia, lo que me nazca y salga, lo que me haga sentir que regreso al Ser, y siempre, siempre, termino con un llanto de felicidad insostenible y la sensación absoluta de que en ese minuto mente, cuerpo y alma quieren lo mismo.

Si yo te digo que eres la persona más importante de tu vida, probablemente suene egoísta, suene risible. Nos han enseñado tanto a sacrificarnos por los otros, a vivir por los otros que es casi inconcebible que yo diga que Lucas no es lo más importante para mí, hablando esto ahora recuerdo las veces que escuché: "Fulanita es más mujer que madre", y ahora lo que lo pienso "Fulanita" lo único que estaba haciendo era vistiéndose lindo y saliendo despampanante y bella a la calle.

Si yo estoy mal, todo a mi alrededor lo estará, si yo solo me quejo, más motivos para quejarme tendré en mi vida, si yo no me alimento (como solía hacer porque Lucas no podía comer cosas ricas, pues me enfermaré y mi hijo crecerá fenilcetonurico y huérfano.

Hay que eliminar esas capas de culpa, hay que amarse más, de verdad, puro y duro, paso a paso. Hay que mimarse, respetarse, cuidarse, quererse, porque no es oración repetida de libro de autoayuda, es en serio: tú eres la persona más importante en tu vida.

No es fácil. Lo sé. Leer o escuchar frases como:

- Cree en ti.
- Perdónate.
- Expresa tus emociones.
- Acéptate tal y como eres.
- Enfócate en las sucesos positivos.

Esas frases a veces nos abruman más, porque entonces sabemos que es cierto, pero no tenemos tiempo, o porque mis problemas no son iguales que los tuyos, o porque lo digo yo que vivo con mi familia en Estados Unidos, o porque tengo un esposo, o porque...todo lo que en el mundo físico nos diferencia y tienes razón, no es igual para todos. Percibimos por cómo hemos vivido, porque en nuestra mente solo tenemos información de nuestras experiencias y eso es lo que proyectamos, y a partir de ahí juzgamos y actuamos y eso funciona para todo.

Recuerdo un momento de mi vida en el que quise introducir hábitos saludables, iba desde despertarse temprano, tomar agua en ayunas, no mirar el teléfono hasta que hubiese pasado una hora, desayunar, meditar o hacer yoga, planificar mi día, comer 6 veces, hacer ejercicio, leer 10 páginas de un libro... y un montón de cosas pequeñas pero nuevas

¿Qué me sucedió? Vivía más agitada por tacharlas que entendiendo el bien que podían hacerme. Significaba cambiar mucho en mi vida, y no pude con eso. Sin embargo, intenté incluirlas de a poco, y solo con las que me sentía cómoda. Intenta eso tú. Decide esta semana decirte una frase linda cuando te mires al espejo o integra agradecer por 3 cosas que tengas cuando te quejes por algo, paso a pasa notarás la diferencia.

Existen diferentes tipos y te los voy a mencionar de manera rápida, sobre todo porque tenía la creencia de que para mimarme necesitaba que se alinearan los astros y tener recursos y dinero. Así que quiero que escuches con atención todas las actividades que podemos hacer que nos ayuden a detener el piloto automático, reconocer nuestras necesidades y hacer algo por nosotros mismos que nos beneficie.

Autocuidado emocional

Ser conscientes de lo que estamos sintiendo, sin juzgar las emociones como "buenas o malas", "negativas o positivas". Las emociones son para sentirlas y nos permiten regular nuestra realidad. No somos culpable por las emociones que sentimos, pero somos responsables de cómo nos comportamos en respuesta a ellas.

Ideas de autocuidado emocional, sería como la experiencia que te compartí en el episodio #3.

"Esto que está ocurriendo, ¿qué me hace sentir? ¿Esto que siento, qué me está indicando?".

- Darse tiempo para reflexionar y reconocer lo que realmente no está funcionando.
- Meditar.
- Escuchar música.
- Ver una película.
- Permitirse llorar.
- Bailar.

Autocuidado físico

Se trata de cuidar tu cuerpo físico y tu salud. Cómo es la relación que tienes con tu cuerpo, y también que evalúes los hábitos diarios que conforman tu estilo de vida.

- Ir a la cama un poco más temprano.
- Prepararse para el día siguiente desde la noche anterior para dormir un poco más.
- Toma descansos breves entre una actividad y otra.
- Ir a correr.
- Caminar.
- Cocinar tus propios alimentos.
- Ponerse crema.
- Hacerse mascarillas naturales.
- Tomar abundante agua.
- Autocuidado intelectual
- Se trata de aquellas actividades que ejercitan el pensamiento creativo y el pensamiento crítico.
- Leer un libro.
- Hacer un rompecabezas o crucigrama.
- Mezclar la rutina: tomar una ruta diferente para ir al trabajo, terminar nuestra lista de tareas pendientes en un orden diferente.
- Comenzar un proyecto que use las manos, alguna manualidad.
- Aprende a hacer algo nuevo.
- Escuchar un podcast educativo sobre algo interesante para ti, por ejemplo...

Autocuidado espiritual

- Sin importar cuál sea tu religión se trata de la relación que tienes con aquellos aspectos que no son materiales, ni lógicos, pero los sientes en tu interior.

- Mantener una práctica diaria de meditación o atención plena.
- Pasar tiempo en la naturaleza.
- Agradecer diariamente por lo que tienes en tu vida.
- Dar un paseo con el único propósito de fotografiar escenas que te emocionen.
- Hacer un ritual con velas, inciensos, flores, música y todo aquello que te inspire. Haz algún servicio social.

Autocuidado social
- Este también me encanta. No se trata solo de hacer cosas con otros por el simple hecho de no estar solos, sino de elegir hacer cosas con personas que realmente nos hacen sentir bien.
- Hacer una cita para almorzar o cenar con un gran amigo.
- Escribir un correo electrónico a alguien que viva lejos, pero a quien extrañas.
- Unirse a un grupo de personas que comparten tus intereses.
- Dejar de socializar con aquellos que no te hacen bien.
- Llamar a un amigo. Incluso, tomarse un café en una videollamada.
- Cuidar de ti ayudará a integrarte, a ser coherente, poco a poco tus palabras y tus acciones coincidirán y ahí, podremos tener la carga y los pesos que sean, que sabremos cómo llevarlos e incluso, podremos decidir si no queremos car-

gar con ellos. Para poder tener calma, paciencia, enfrentar las crisis familiares y solucionar los conflictos del día, necesitamos dedicarnos tiempo para cuidarnos nosotros mismos.

REENCUENTRO Y CRISIS

Hace días que siento que debo este testimonio, creo que es tanto lo que ha pasado, entre reencuentro y crisis, que no puedo ni escribirlo. Solo porque desde que abrí el blog he cumplido con una premisa: jamás escribiré de algo que no experimente. Quizás por eso llevaba tanto tiempo sin hacerlo y hoy tengo algo más que contar.

El proceso de traer a Lucas nos costó unos 11 meses desde que salimos de Cuba. Fue tiempo en el que recibimos, como siempre, apoyo incondicional de la familia y muchos amigos. Apoyo de todo tipo, espiritual, emocional, económico.

Fue un período en el que todos me preguntaban si no extrañaba a Lucas, cómo era posible que estuviera disfrutando ese tiempo a solas, cómo hacía para mantenerme feliz y cada una de esas interrogantes me asediaban luego, sobre todo en los momentos de aparente calma, algunos días me sentía culpable y otros dichosa, y así en ese vaivén de emociones pasó el tiempo.

Esta etapa permitió que Adri y yo pudiéramos tener unos meses como pareja, como pareja emigrante, además. Amarnos, apoyarnos, a ser hombro y consuelo. Por suerte hemos aprendido a no caernos juntos, cuando uno de los dos se rompe el otro está ahí, remendando abrazos. También nos fajamos, nos gritamos y seguro nos miramos con odio y furia, pero de esos no me acuerdo

Lucas, por su parte, vivió unos meses de vacaciones eternas, de amor desmedido, de vivir consentido y siendo "el Rey". Viajaba por El Entronque y Camagüey, entre amor de abuelos y abuelas, tíos y tías, primos y primas, amigos, vecinos y conocidos, pudimos disfrazar la ausencia de mamá y papá casi ilesos hasta que, lamentablemente, la pandemia entró en las casas de nuestras familias y todo se puso muy tenso.

No puedo imaginar lo que ellos sintieron. Hoy sé que temían más por contagiar a Lucas que por su salud propia. Por suerte, este chiquito bendito escapó y no le tocó el COVID, sin embargo, desafortunadamente, sí se enfermó con dengue, un dengue muy malo que lo tuvo tres días en terapia por los cuidados y su condición de nacimiento. La angustia nos tragó.

En ese punto no me alcanzaban las terapias, las reflexiones, el "todo va a estar bien" de siempre. Realmente había demasiado ruido en mi mente como para escuchar a mi instinto, por primera vez sentía que no sabía nada.

Por otra parte, al otro lado del mar, en Camagüey y La Habana hubo una revolución silenciosa y profunda, otra vez el apoyo impagable de la familia y los amigos, sumado a otras tantas personas que se brindaron a ayudar, que ayudaron, que contactaron médicos, muchos conocidos con los que hacía tiempo no hablaba que extendieron su mano, sus conocimientos, muchas mamis que en una situación tan "especial" como la que se está viviendo en Cuba, compartieron sus insumos y las famosas gelatinas, mucha gente que enviaban mensajes de apoyo, sus buenos deseos y sus energías, así que nosotros, en medio de todo aquello, no hacíamos más que pedirle a Dios que todo estuviera bien y agradeciendo por estar rodeados de tanta gente linda.

Hoy puedo decir, sin dudas, que esa fue la peor etapa. También le adjudico una enseñanza indescriptible. Cuando no se tiene la respuesta, cuando la solución no está en tu zona de poder, cuando por más que te preocupes no puedes agarrar un avión e ir, ahí entiendes tantas cosas...no podíamos hacer más que confiar y esperar.

Fue ese momento donde decidimos que el tiempo que faltara uno de los dos debía estar con Lucas, así que en cuanto hubo un vuelo disponible, Súper Papá fue al rescate. ¡Y qué bueno que se ocupó él! La recta final estuvo llena de trámites, papeles, citas, viajes y un sin fin de cosas, ¿y yo?, yo soy más de prender velitas y rezar para que todo se manifieste sin contratiempos, hasta que por fin pudimos vivir el anhelado reencuentro.

Felicidad, no sé si he sentido tanta en otro momento, y mira que he sido feliz, pero esta sensación fue diferente. Ahí comenzaron nuestros primeros días juntos, otra vez, en un nuevo país, bajo un nuevo sistema, con otras responsabilidades, comodidades y nuevos aprendizajes.

Pero como la mente no para y no entiende de unicornios de colores todo el rato, caí en una crisis: ¡Lucas no se parecía a mi Lucas!

A mis brazos llegó un niño más grande, que hablaba diferente, que razonaba diferente, que no se llenaba con lo que yo recordaba... Aparecieron caras de frustración y furia, cruzaba los brazos cuando se molestaba... llegó haciendo pucheros cuando no le dábamos algo y muchas actitudes que yo no reconocía.

Sentía que se estaba comportando de una manera egoísta, como un niño merecedor... (claro, la niña del monte que debía conformarse con las muñecas heredadas, o con cocinitas inventadas de palitos y hojas, no podía entender que Lucas quisiera un juguete más con un cajón ya lleno), sin detenerme a pensar que nuestras historias, épocas y aprendizajes son diferentes.

A eso le sumamos una etapa que nos duró unos días, por suerte, a la que hoy le llamo el Servicio Militar:

Llevábamos tantos meses viviendo solos, con todo impecable, y planificando la vida "ideal", que quisimos de golpe que Lucas llegara y se adaptara a eso, como si no hubiese pasado el tiempo, y entre: lavarse las manos para cenar, los dientes antes de dormir, los juguetes recogidos, el cuento antes de dormir, no teléfonos para comer, todos juntos en la mesa, la ropa sucia al cesto, saluda cuando llegues, da las gracias, tienes que estudiar, vamos a llamar a tus abuelos, te están hablando tus tíos, tienes que vestirte solo, como es 'eso' si ya eres grande... Es que lo escribo y me agobio.

Por suerte, tengo mucha gente sabia a mi alrededor y luego de dos llantos, ya me estaban "ubicando" y haciendo ver que estaba queriendo ir muy de prisa, que no tenía que impresionar a nadie, que no hay que ser mami y familia socialmente "perfecta" y que solo teníamos que estar en paz, y entre alones de moños terapéuticos, también me dieron un punto que yo no estaba viendo, Lucas no solo llevaba un año digiriendo que sus padres estaban lejos, estaba a semanas de cumplir los famosos 7 o "la edad de la peseta", como decimos en Cuba.

Es el período donde los niños se "desconectan" de los padres y comienzan a asimilar que están creciendo, atraviesan un período de melancolía, de emociones pesadas, de sentir que el mundo es más grande de como lo conocen, de percibir de una manera diferente y se empiezan a ver como seres independientes.

"A lo largo de estos 7 años el cerebro del niño no ha parado de desarrollarse y expandirse... se están haciendo mayores y sus posibilidades de pensamiento y acción se están ampliado a un ritmo vertiginoso. Ansiosos de libertad y de autonomía es frecuente ver cómo se rebelan contra los límites y normas que establecemos en el hogar. Su lenguaje es ahora mucho más elaborado, por lo que la rabia y la frustración que sienten al no poder conseguir lo que quieren, y que antaño expresaban con su cuerpo a través de rabietas y pataletas, ahora son capaces de verbalizarla a través de improperios, insultos o palabrotas. Además, es habitual oírles quejarse de lo injusto que es aquello que les ocurre".

A estas alturas del campeonato, con tantas herramientas en la mano no podía permitirme no entender qué abrumaba a mi hijo, qué me desconectaba de él y eso era lo que más me dolía, sentía que por más que pensara no lo comprendía, no lograba empatizar y esa sensación sí era nueva para mí. Ese fue mi STOP, entender que me estaba desesperando perder el control. Respuestas concluyentes aún no tengo. Aquí vamos, reaprendiendo juntos para pasar este trance que, les adelanto, puede empezar a los 6 y durar hasta los 9 años.

Sin ánimos de confundir:

¿Estamos felices? Sí. Mucho.

¿Es sincera la sonrisa en las fotos? Sí. Incluso, increíblemente, nos hemos permitido vivir muchos momentos sin compartirlos en las redes.

¿Estoy en contra de los buenos modales? No. En lo absoluto. Solo que quiero que sean genuinos y no impuestos.

¿Tuve ganas de castigar y pegar? Sí. Pero no lo hice. Pegar no es mi solución.

Me urge decir que la maternidad empieza con la primera sospecha y no acaba jamás. Cuando creemos que tenemos todas las respuestas aparecen otros dilemas por resolver. Nuestros hijos, todos, son diferentes y las herramientas que le sirven a unos, no tienen por qué funcionar para otros. Las historias por sanar y los conflictos son diferentes, y aún siendo los mismos, no todos reaccionamos y percibimos de la misma forma. Lo que vemos en las redes sociales no dura 24x7 (felicidades a quien sí), y comparar a nuestros hijos con otros niños es una pésima práctica.

Por mi parte, debo aprender a no ser tan exigente conmigo, a no querer controlarlo todo, Lucas no pidió estar lejos de nosotros, fue una decisión que tomamos y tiene consecuencias, y aun sabiendo eso, no es nada saludable sentirme culpable. ¿Qué puedo hacer ahora? Escuchar qué tiene para decir mi hijo, observarlo e identificar sus puntos de vulnerabilidad y los míos (dónde me rompo, qué es lo que más me molesta, en qué momento, para qué me siento así), usar esa información para entender que todos estamos haciendo lo mejor que podemos y sabemos.

En vísperas de estas Navidades, de un año tan difícil para todos, yo deseo que podamos volver al inicio, que paremos un ratico. Que tengamos la fuerza de voluntad suficiente para mantener una crianza consciente y respetuosa, que los límites vengan, sí Señor, pero con muchos abrazos.

Hace mucho tiempo que no escribía en el blog y aunque sentía que debía compartir mi experiencia en esta nueva etapa, no sabía explicar la erupción de emociones que explotaba dentro y es que nuestra vida ha dado muchas vueltas desde enero hasta la fecha.

Comenzaré diciendo que, por mi naturaleza emocional y sensible, ha sido diferente de lo que imaginaba. Ni siquiera puedo decir que fue una oportunidad consciente y premeditada, realmente apareció y se agarró. La vida va de decisiones, cada paso, a cada minuto y esta ha sido una de las más importantes que hemos tomado, aunque no lo supiera en ese momento. Quiero contarles entonces, las etapas transitadas en todo este tiempo.

Fase 1. Reconocerse

De las primeras clases en el camino de sanar y amarse, está NO juzgar. NO criticar.

Es, sin lugar a dudas, de los más difíciles de desaprender, no tienen idea de las veces que dije:

"No entiendo a las madres que se separan de sus hijos", y aquí estoy, 6 meses después, quizás el Universo me regaló este entrenamiento porque no lo tenía del todo aprobado.

Fase 2. Certeza

Debo admitir que, apartando algunos fantasmas que aparecían a ratos, siempre "sentí" que era una decisión correcta. No por lo que pueda o no representar, no porque este sea o no el lugar "ideal", no porque los astros se alinearon, sino porque mi instinto ha sido extremadamente certero, he podido escucharlo muchas noches decirme: "Es el momento perfecto", y me ha acompañado con mucha paz.

Fase 3. Culpa

En la fase 2 les comentaba de algunos fantasmas que aparecían, unos se iban rápido, a otros los espantaba de mi mente pero algunos venían con más herramientas y artimañas y a esos les permití entrar. Llegaron y "te atacas" directo a la vulnerabilidad, olvidé que ellos provienen de nuestros propios pensamientos, de nuestras historias y quién me conoce mejor que yo, para saber exactamente donde más me duele. Imaginen este escenario de queja y victimización:

Yanita, la mamá de Lucas, la que escribe de Crianza Consciente, la que comparte tiempo con su hijo, la que le gusta pasear los domingos y hacer cenas familiares, estaba agarrando un avión y viajando 781 km, con un mar por medio. Encima de eso, me sentía coherente y feliz, eso era demasiado para el ego.

Fase 4. Aprendizaje

Acepté el hecho de que me sentía culpable por no sentirme culpable. Exactamente eso, llegué a sentirme mal porque para mí no era posible que estando lejos de mi hijo yo me sintiera bien, era como un absurdo, sería más creíble el "sacrificio" si al menos estuviese triste. Pero no es así, porque tenemos una relación con nuestro hijo transparente y maravillosa, porque no se trata de enmendar ahora, se trata de todo lo que hemos construido desde que nació. Nos sentimos bien y estamos felices de cada pasito logrado que no significa que no lo extrañemos o que la separación sea fácil. Pero eso lo aprendí luego, estaba muy confundida para entenderlo.

Fase 5. Gratitud

La fase de aprendizaje fue más fácil cuando comencé a pensar todo lo bueno que estaban pasando. Cuando fui capaz de entender que no estábamos solos. Familia, amigos, vecinos, conocidos... todos en función de que Lucas viva unas "largas y felices vacaciones" Y lo están haciendo tan pero tan bien que ese chiquito no para de sonreír, y nosotros no podemos estar más agradecidos.

Fase 6. Enfoque

Cuando hay coherencia, cuando te sientes tranquilo, sientes que está bien, puedes asumir la responsabilidad de que esta etapa está favoreciendo un aprendizaje que ambos debemos tener. Tenemos ante nosotros una oportunidad para crecer juntos, cada uno desde donde le toca, y eso incluye enviarnos fotos, contarnos qué hicimos y hasta leer cuentos por WhatsApp. Siempre habrá una manera de estar presentes. Si aumentas la conciencia, los cambios en tu vida vienen solos. ¿Cómo aumentar la conciencia? "La conciencia se desarrolla abrazando la realidad sin juzgar" (Dr. Kabat-Zinn).

Fase 7. Somos Uno

Gracias a Lucas, por ser nuestro maestro. Cuando aprendemos a escucharnos y a escuchar a nuestros hijos y somos capaces de sentir empatía por lo que sentimos en la familia todo se vuelve más fácil. Lucas es nuestro termómetro, como cada niño seguramente lo es de sus padres. Algo que nosotros hemos aprendido a partir de la Crianza Consciente es que la madre es el punto de referencia para el niño y este, a su vez, se convierte en espejo para la madre. Hay un canal muy rico en señales, observar esas señales nos permite estar en sincronía emocional y poder discernir cómo repercute una situación en casa.

Casa que no tiene que ser una un espacio físico, porque desde acá yo siento a Lucas, seguramente por eso anoche soñé con él y pude darle tantos y tantos besos como me fue posible...

(Continuará... , hasta que estemos juntos de nuevo)

EBOOK "AMAR ES EL MILAGRO"

Criar nunca ha sido fácil y bajo las creencias con las que crecemos en Cuba mucho menos. Cada uno hace lo mejor que puede con la conciencia que tiene, sin embargo, cuando somos padres hay algo que se activa, aparece una sensación de alerta que indica que siempre podemos hacerlo mejor. Es justo en ese momento donde empezamos a leer, a investigar, a escuchar a los especialistas, a los amigos, a los abuelos, y entre tanta búsqueda olvidamos un detalle importante: escuchar qué dice nuestro instinto.

1- *Amar es el milagro*, el e-book es un regalo muy valioso, los testimonios de algunas madres, en su mayoría cubanas, de las que aprendo mucho y a las cuales agradezco por permitirme mostrar sus percepciones alrededor de la crianza consciente y respetuosa. Cada una con sus vivencias, con niños en diferentes etapas, desde diferentes países.

2- Puedes descargarlo gratis en mi blog.

PANTALLAS E INFANCIAS

A este tema en particular le temo, quizás por eso de que "ser Coherente" es mi camino, y no me gusta escribir/opinar de lo que no sé, menos de lo que no pongo en práctica. Lucas adora ver muñes, tiene su propia laptop en la que ve películas y también disfruta mucho algunos canales de Youtube Kids. Entenderán a este punto, que yo no me atrevía a escribir sobre el uso de las pantallas en los niños, sus beneficios y desventajas.

Sin embargo, hay algo que tenía claro y con lo cual me tranquilizaba:

Las pantallas tienen momentos específicos del día.

Comparto tiempo de ver esos muñes con él.

Estoy al tanto de lo que ve.

Es un niño que juega en exteriores.

Hacemos muchas actividades extras a las pantallas.

Hace unos días tuve la oportunidad de pensar y disfrutar de unas historias a través de Instagram de Claudia Otazua, mujer y profesional que conozco y admiro y ser que vibra con una frecuencia altísima y clara, ella me cautivó con sus reflexiones y yo sentí en ese momento que mis criterios no estaban muy lejanos de lo que planteaba. Desde esa posición de tranquilidad y paz, le pregunté si quería escribir algo al respecto. Ella aceptó feliz y ese es el resultado de que hoy tú puedas leer esta maravilla de artículo que debajo comparto.

«Pantallas e infancias»
Por Claudia Otazua Polo

Antes de entrar al trapo debo poner por delante de mí par de sesgos en relación con el tema general aquí: las infancias. Para empezar, soy una *outsider*, no soy madre ni quiero serlo, pero no se apuren a desestimar mi opinión, les pido que sigan leyendo. Lo segundo: hay pocas cosas que me fascinen más que los niños. Disfruto pasar tiempo rodeada de ellos y, guiada por el sentido común y el amor, suelo triunfar con ese público.

Por último, considero que los niños son entidades autónomas con capacidad de decisión y autogobierno, mismas que, sin embargo, han de ser conducidas, potenciadas, acompañadas por sus adultos significantes. Trato a un niño de la misma forma en la que me dirijo a uno de mis pares, pero sin olvidar que son, en efecto, niños. Confío en que esto haga sentido y no precise, en esta audiencia, mayor explicación.

Luego, me formé como investigadora social y de momento, me dedico a la enseñanza primaria. Mi campo de especialización no son las TIC ni las infancias ni la pedagogía, pero al pasar la mayor parte de mi día con dos niños (7 y 9 años), me he metido de lleno a ello. El acto de educar se ejerce en la peligrosa línea del poder y la responsabilidad, de modo que intento llegar a esa práctica con toda la preparación que consiga acopiar, aunque reconozco que la educación (ya desde la escuela, ya desde casa) no necesita mucho más que sentido común.

En estos días llamó mi atención una reseña del estudio neurocientífico Nativos Digitales. Los primeros humanos menos inteligentes. La investigación, conducida por el Dr. Michel Desmurget desde el Instituto Nacional de la Salud en Francia, concluye que el uso excesivo de pantallas con fines recreativos ha provocado que los nativos digitales sean la primera generación con menos capacidad cognitiva que su predecesora.

En el perfil de IG de @devermut se encuentra un extracto de este estudio y si les interesa adentrarse más en ello, pueden rastrear el libro *La fábrica de cretinos digitales. Los peligros de las pantallas para nuestros hijos*, publicado este año por el propio Dr. M. Desmurget. El título no deja mucho espacio a la imaginación, entre esos efectos nocivos se encuentran el retraso en el desarrollo cerebral y la maduración anatómica y funcional, así como en el lenguaje, la capacidad de atención, la memoria y el sueño.

Aun sin conocer este estudio en particular y aun cuando cuestiono profundamente sus posibles vías, he podido, con bastante pesar, comprobar de modo empírico su hallazgo ¿Recuerdan que les comenté que trabajo como institutriz de dos niños? (Institutriz suena demasiado antiguo, maestra particular demasiado comercial, *miss*, todo agringado. Ninguno me convence, pero seguro se llevan la idea). Sigo: estas criaturas de cuya instrucción soy ahora subsidiaria, comparten una serie de variables que las hacen, sociodemográficamente al menos, muy semejantes: están en el mismo rango de edad, proceden de familias monoparentales, se identifican como varón, poseen igual entorno socioeconómico (sumamente elevado, vale precisar), y solían asistir a la misma escuela.

El menor de ellos, en cambio, muestra un rendimiento académico superior. Decir superior se queda corto, hay un abismo y no solo académico, sino también emocional. Las herramientas psico-afectivas del niño menor, llamémosle S, rebasan con creces las del mayor, pongámosle M. Ocurre que, mientras M dedica todo su tiempo extracurricular a los videojuegos, el Tik Tok y Youtube, S toma lecciones de música y futbol. También, desde luego, S le da espacio a la consola y al teléfono, pero en mucha menor medida.

Para mí está muy claro, con certeza existen otras variables que inciden en esa diferencia que a grandes rasgos les he contado, pero el nivel de uso de pantallas entre uno y otro se postula como una de las causas principales. Puesto frente al *Guernica* (Pablo Picasso, 1937) o la *Persistencia de la Memoria* (Salvador Dalí, 1931), S descubrió una forma que le recordó un conejo y por tanto, decidió que los cuadros lo hacían sentir feliz. S, además, es un niño emocionalmente sano. No así M, que no para de interpretar la vida con el tono guerrerista y violento de *Fornite*.

Ahora bien, ante este tema ni apología ni censura. Las pantallas están construidas para atarnos a ellas y llegaron para quedarse. La tecnología avanza mucho más rápido que la capacidad humana para evolucionar y desarrollar adaptaciones que permitan procesarlas con éxito. Estos son facts, hechos que no podemos modificar a corto plazo. El pánico, la pantallafobia, tampoco me parecen soluciones productivas. Hay, sí, medidas que podemos tomar para lograr integrar las pantallas positivamente.

Antes de prohibir modifica los hábitos de uso ¿Significa eso que debemos cronometrar y limitar el tiempo que pasan nuestrxs niñxs frente a las pantallas?: ¡desde luego! Mi apuesta va hacia convertirlas en herramientas de socialización que brinden la posibilidad de pasar tiempo de calidad con nuestros infantes. Pídele que te explique el objetivo de cierto juego de la play, entérate de qué va *Among us*.

Es más, si tu niño tiene más de cuatro años, agarra las 10 imágenes que contiene la reseña publicada en IG por @devermut y debátelas con él. Yo lo hice con mis niños, les pedí atención, les dije que para mí tenía mucho valor saber su opinión sobre este tema, les indiqué que detuvieran mi lectura si necesitaban explicación de alguna palabra o si querían añadir alguna cosa, y leí. Los niños no son tontos, tienen criterios, no los desestimes. Entienden más de lo imaginas. Incluirlos en un debate que les concierne y afecta directamente es en primer lugar justo y tiene otra serie de ventajas más: se sentirán escuchados, incluidos, importantes. Para un niño no hay cosa más relevante que la atención de sus adultos.

De otra parte, le provees información y le haces responsable de su propio comportamiento, de sus propias elecciones, lo invitas a razonar antes que a acatar restricciones de forma ciega, lo enseñas a elegir sobre la base del conocimiento. No le impongan por favor una especie de toque de queda de pantallas, expliquen y negocien. En la conversación se pueden resolver además muchos otros asuntos, creen un espacio seguro, todo ello mientras comparte tiempo de calidad con sus niños. ¿Ya ven?, TODO VENTAJAS.

Por otro lado, deja que tu criatura se aburra. Del aburrimiento nace la creatividad, si le proveen opciones en las que ocuparse todo el rato anulas el espacio de la inventiva. No acudan a las pantallas como única y/o primera alternativa de recreo. No mediaticen su tiempo libre. Extiendan la recepción de un animado más allá de la pantalla. Pregúntenle sobre lo que vio. La televisión tiene un uso relacional, desde 1980 lo anda diciendo James Lull, apliquenselo. Conversen y escuchen a sus hijos. Entren en su mundo que van a flipar en colores.

Me siento aquí reinventando la rueda, pero no me cansaré de repetirlo. A los niños les gusta sentir que ellos nos importan. Que sus adultos volteen a verlos, los alimenta. En este asunto de pantallas, como en todos los que atañen a los niños, el acompañamiento, la atención y el amor, son las respuestas.

PASOS PARA SUPERAR LAS RABIETAS

Hace un tiempo hablamos de las rabietas, pero solo quien tiene hijos sabe que a menudo en casa nos descontrolamos más de lo que tenemos previsto. En esa ocasión valoramos algunas herramientas para apoyarlos, hoy vamos a entender un poco más por qué caemos en ellas, sí, porque a los adultos también nos dan rabietas y te recordaré 9 pasos para superarlas.

Lo primero será entender qué sienten nuestros hijos cuando atraviesan por un conflicto de emociones: Lucha interior entre lo que debe/quiere hacer por naturaleza y una incomprensión de sus padres hacia tales actos. Esa ofuscación entre querer una cosa, no entender lo que pasa y el rechazo paterno, es la fuente de la mayoría de las rabietas.

El niño tiene una necesidad no resuelta, está lidiando con una nueva etapa de independencia, entendió que aunque necesita de ti ya puede hacer actividades por sí solo y por lo tanto los intereses pueden ser diferentes y lo más importante no encuentra el modo de conectar contigo.

1- Comprende que el niño no pretende ponerte a prueba o desafiarte.

Esta simple convicción hará que seamos más flexibles con ellos y por lo tanto se evitarán muchos conflictos.

2- Identifica si lo que desea realmente es tan malo y no una creencia nuestra de: «eso no es lo mejor para él/ella».

Por supuesto que no me refiero a algo que pueda atentar contra su vida, pero que hay de malo en querer vestirse solo, o elegir una ropa que no combine, o de jugar un poco más, o de que lo cargues por más tiempo. El hecho de el niño pueda experimentar el resultado de sus acciones sin notar el rechazo paterno hará que no se sienta mal e inseguro.

3- Identifica si hay factores naturales implicados como sueño, hambre, cansancio, sobreestimulación.

4- Utiliza explicaciones previas al acontecimiento.

Aunque tu niño sea pequeño háblale, ponlo a tono con la situación que vivirán: "Iremos a la casa de abuela. Hay muchos objetos bonitos, pero que se pueden romper. No podrás jugar con ellos, pero podrás observarlas mientras yo las sujeto".

5- No utilices tu "poder" de padre para demostrar quién manda.

Explícale a tu hijo las razones por las cuales estás proponiendo una solución. Lo único que se obtiene intentando que «no se salga con la suya» es un niño sumiso o rebelde dependiendo del tipo y grado de disciplina o autoridad empleada.

6- Podemos expresar nuestra disconformidad, pero no atacamos la personalidad del niño o valoramos negativamente su conducta.

Un niño no es más bueno o malo porque ha hecho una cosa bien o no. Un niño siempre es bueno, aunque a veces no lo entiendas o no te guste lo que ha hecho.

7- Las rabietas se pasan con la edad.

Cuando el niño adquiere autonomía e independencia es capaz de explicarse mejor que a través del llanto y las pataletas. Si hemos sido capaces de explicar el por qué de las decisiones el niño sabrá que no le hace falta pedirlo mal si su petición es razonable. Para adquirir la independencia se necesita seguridad y la seguridad se adquiere con un buen apego. No limite el amor por su hijo. Hazle saber en todo momento que haga lo que haga siempre le queremos y le comprendemos, aunque a veces no estemos de acuerdo.

8- No ignore a su hij@.

Muchas veces utilicé esta herramienta, me daba el poder de "no ceder" ante un comportamiento que para mí era inadecuado, permitiendo además, mostrar una calma aparente, sin embargo el niño siente que sus emociones no importan, en el peor de los casos siente que él no importa.

Seguramente muchas veces ha escuchado que lloran para llamar la atención, así que asumimos que si en ese momento acudimos estaremos fomentando ese comportamiento. Imagina que lees una frase, la interpretas y crees que sabes el significado y un día descubres que la frase tenía otra parte que no conocíamos y ahora el significado es completamente diferente...Es lo mismo, aquí falta algo que nadie nos dijo. Si un niño entiende que necesita llorar para conseguir nuestra atención, es que no la estamos prestando. En estos casos, lo que necesita es más atención, no menos.

9- Acompaña a tu hij@

El apoyo emocional dependerá de cómo sea el carácter del niño y tendremos que respetar sus deseos de conectar en ese momento. Si acepta contacto físico podrás abrazarlo, decirle que se siente contigo, acariciarlo. Si rechaza el contacto físico podrás quedarte cerca, a su altura, sin cruzar los brazos, con un lenguaje corporal abierto y esperar. Les cuento un ejemplo en dos versiones diferentes. Cualquier parecido con la realidad es pura coincidencia.

Versión 1

Mamá: Lucas, ven a hablar por teléfono con tía.

Lucas: No quiero.

Mamá: ¿Cómo que no quieres? Esto está mal. No me gusta que seas así. Tía Mimi te quiere mucho. Voy a decirle que no te hagan el tobogán porque tú no la quieres.

A partir de aquí tenemos dos opciones:

Lucas se va para el cuarto llorando. Siente a su madre decir por teléfono que no le gusta que sea así, que tiene que aprender... y muchos otros improperios que atentan contra la confianza y estabilidad de sus emociones.

Va hacia el teléfono y habla sin deseos con la tía, ante el miedo de perder el amor de su madre. Quien entonces le dirá: ¡Ves, así me gusta! Con lo que aprende que es bueno y aceptado solo cuando hace lo que su madre (o los otros) desean, cuando disfraza sus sentimientos y esto lo aplicará el resto de su vida.

¿Te das cuenta hasta aquí cuántas cosas repercuten en tan solo 5 minutos y que formarán parte de su vida?

Versión 2

Mamá: Lucas, ven a hablar por teléfono con tía.
Lucas: No quiero.
Mamá: ¿No tienes ganas de hablar ahora?
Lucas: No. Estoy jugando.
Mamá: Bueno le decimos a tía que ahora estás jugando que luego la llamas. Toda la familia te quiere mucho y por eso les gusta oír tu voz.
Lucas: Pero ahora estoy jugando (carita ñoña).
Mamá: Sí, ya lo entiendo.

A partir de aquí tenemos otras opciones:
Lucas percibe que su fundamento fue entendido y que no se le ha valorado negativamente y va por su propia decisión a hablar por teléfono, y dice: "Sí estoy jugando, después hablamos, chao."
Mamá le dice que la familia es muy grande y que a todos nos gusta llamarnos para saber cómo estamos. Te nombro a todos los miembros que llamaremos e iremos llamando uno a uno en diferentes momentos cuando tengas deseos de hablar con ellos. Con lo que aprende que aunque no estemos de acuerdo en todo , mamá entiende sus sentimientos, reconoce además la importancia que tiene la familia y encontramos soluciones que nos benefician a todos.

Recuerda que es su desborde emocional no el tuyo, a menos que ese día hayas tenido momentos difíciles que te hacen tener menos tolerancia y en ese caso es más difícil razonar pero no por la rabieta, que solo fue el detonante, ya tú internamente estabas pataleando. No podemos esperar que nuestros hijos aprendan a controlar sus emociones a la vez que nosotros perdemos control de las nuestras.

Habría jurado yo que *El Pequeño Príncipe* era de mis lecturas reiteradas. Tantas veces sonreí con sus páginas que de memoria sabía que no se ve bien sino con el corazón, que lo esencial es invisible a los ojos y que las personas serias no tienen tiempo porque andan muy ocupadas. En silencio quizás, he esperado muchas veces porque se me aparezca un niño de la nada, con un dibujo #1 para poder responder, orgullosamente, que se trata de una boa que se tragó un elefante y no de un simple sombrero como todos pensarían.

Él, tan pequeño y frágil como El Principito, desafiando a la oscuridad y confiando en la linterna del teléfono, trae dos libros en la mano. No sé si bajo las condiciones ambientales del 23 de agosto de 2020, las ráfagas de una tormenta tropical que invocaron al calor, sin corriente eléctrica, tirados en la sala como el aviador en el desierto del Sahara, o si ahora que soy madre y Lucas me ha domesticado me he vuelto más observadora y sensible. Lo cierto es que, esta vez, la lectura fue completamente diferente.

Los niños deben ser tan indulgentes con las personas mayores. Convencida ya de que nuestros hijos nos dan cientos de oportunidades de enmendar, de perdonar y de amar, esta fue la primera frase que retumbó en mi conciencia. ¡Cómo es que nunca leí eso hasta ahora!

Hablas como las personas mayores: lo confundes todo, lo mezclas todo. Pues sí, en esta también lleva razón. Tratamos mal a nuestros hijos porque hacen algo y realmente es porque tuvimos un mal día, y no nos paramos un segundo a pensar que lo que está detonando la impaciencia no es la acción del niño en sí, sino nuestro límite de ira, culpa y miedo concentrado.

Imponemos límites a nuestros hijos porque alguien (la mayoría de las veces sin hijos), tiene una opinión o teoría al respecto. Cuántas veces luchamos contra nuestro instinto, provocando así un apretón en el pecho, un sentimiento de culpa, una lucha interna que nos indica que hay algo que no estamos viendo, porque olvidamos que los ojos son ciegos, que hay que ver con el corazón.

Exigimos, continuamente, porque no dejamos de comparar a nuestros hijos con otros niños. Creemos que existe una etapa absoluta y limitada para todo. Solo hay que pedir a cada uno, lo que cada uno puede dar. No paramos de controlar una situación si se sale de nuestras expectativas, y es así entonces, como dejamos de disfrutar la versión bendecida que tenemos en casa y comenzamos a "sufrir" por la versión idealizada que construimos.

A través del llanto, de perretas, de palabras, de "malacrianza", de una frase repetida muchas veces hasta que contestamos gritando, nuestros hijos reclaman su tiempo y su atención. Son regañados y al minuto siguiente, sin venganza, nos siguen amando. Solo los niños saben lo que buscan, y explotan todos sus mecanismos para hacer una petición de amor.

Los hombres no tienen tiempo de conocer nada. Hay que ser muy pacientes. Tienen idea de, aún cuando he encontrado las herramientas para hacerlo, cuántas veces he obviado una petición de atención de Lucas, por estar trabajando y "no tener tiempo". Yo he sentido pena, he sentido vergüenza, pero también he sentido deseos de seguir aprendiendo, he agradecido por reencontrar las enseñanzas y no el valor egocéntrico emitido por creerme que había leído este libro. Es mucho más difícil juzgarse a sí mismo que juzgar a los demás.

Es tan ilusorio creer que los adultos sabemos lo que necesitamos, y peor aún, lo que otros necesitan. Los adultos nos transformamos por circunstancias, por comodidad, por dinero. Elegimos tener razón sobre estar en paz. Mantenemos relaciones tóxicas por miedo a la soledad. Nos quedamos sin momentos para disfrutar de aquello que nos gusta porque hemos tergiversado las prioridades. Deseamos tanto crecer... ¡y nos volvemos tan tristes!

Dichoso aquel que haya descubierto cada una de estas lecciones, que a mí recién llegan. Si hasta este punto aún no te han dado ganas de leer por primera o una vez más el libro, te comparto las siguientes curiosidades:

El *Pequeño Príncipe–Le Petit Prince* vio la luz el 6 de abril de 1943, un año antes de que su autor, Antoine de Saint-Exupéry, despegara a una misión de la cual nunca regresó.

El manuscrito estaba en una bolsa arrugada de papel, tenía unas 140 páginas con ilustraciones en acuarela, originales del autor.

La obra ha salido con más de 200 portadas alrededor del mundo.

Se ha traducido a más de 250 lenguas y dialectos, es el libro más traducido de la historia, luego de la Biblia.

Es el libro más leído de la lengua francesa y sus ventas han superado los 140 millones de copias a nivel mundial.

Antes del euro, Francia tenía un billete de 50 francos con la imagen de Saint-Exupéry y del Principito.

En 1993 un asteroide fue nombrado 46610 Bésixdouze o B-612, en homenaje al planeta de donde venía El Principito.

Y me aprovecho así de que las personas mayores son muy fáciles de convencer si les hablas con números.

Hace unos días, viendo fotos familiares de hace muchos años, encontré una que me robó un suspiro. Era una foto con mi abuelo. Y aunque repito mucho que las fechas no son importantes, y juro que lo hago para que aprendamos a amar más días en el año, hoy cuando mi teléfono dio las 12, por mi mente pasaron muchos recuerdos.

Mamá debe estar muy triste. Desde acá lo siento.

Esta historia es un poco larga. Han pasado más de 10 años desde que mi abuelo se puso grave por primera vez. Mi mamá y mi tío se volvieron como locos, la familia entera en función, yo quise dejar la carrera para regresar a Camagüey y estar con los míos. Pero ese viejo era un tronco, y no era ahí cuando le tocaba. Cada 24 de julio nos reuníamos en El Entronque, y hacíamos fiesta como si fuera 31 de diciembre, era nuestra forma de celebrar que aquel guajiro se había robado un año más de vida. Llegó el momento, incluso, en el que hacíamos un chiste interno, diciéndole que dejara el descaro que los animales para su banquete no daban más. Pero ya hoy, aunque quise contentarme con eso, no me dio tanta gracia.

Así que pensé en aquel texto que me dio fuerza, y que al escribir sentí paz. Quiero entonces compartir, con la certeza absoluta de que somos almas y no cuerpos, esas palabras que escupí en el cementerio, el 9 de octubre de 2019. El día con más suerte que tuvo la insolente Señora Muerte:

"Llorar siempre es bueno cuando tienes ganas, cuando lloras para desahogarte, para liberarte. Cuando lloras por pensar en el pasado, cuando lloras porque no sabes qué hacer con el presente.

Lloramos cuando supimos que estaba con gravedad irreversible, lloramos cuando se despidió y cuando regresamos a casa, una y otra vez. La mente entiende "esto" como una situación de tristeza y dolor pero, la espiritualidad, la eternidad del ser, la creencia en la no-separación te permite sentir presencia, aunque tus ojos no puedan verle.

Hay dos maneras de verlo, le explicaba a mi mamá y a mi tío: desde el dolor o desde la gratitud.

Por más que pienso no tengo recuerdos tristes de mi abuelo. Algunos regaños por traer shorts cortos o por comer viendo la tv y no en la mesa, "como debía ser". Mi abuelo fue analfabeto, con otros 13 hermanos que debían sacar arena de un río desde los 9 años para ayudar a su familia. Mi abuelo, apenas, sabía escribir su nombre y nos enseñó lo más importantes de la vida. Mi abuelo se levantaba en firme cuando escuchaba el himno, aún si era en un acto televisivo. Mi abuelo respondía al mensaje de "Buenas noches" en el Noticiero, y cada noche, de cuarto a cuarto se despedía: "Hasta mañana, que duerman bien y nunca les pase nada", "Igualmente, gracias", teníamos que responder. Veía *Palmas y Cañas* cada domingo, y de él aprendí la *Guantanamera*, *Quiero un sombrero* y *El Negrito del Batey*.

Mi abuelo construyó la casa donde hemos nacido todos, donde hemos vivido todos, donde regresamos todos. Levantó un "ranchito" al lado de un río y ahí pasamos los momentos más felices, hasta allá nos íbamos a cuidar las siembras, tenía piso de tierra, techo de guano, nuestro baño era en el río, y cuando lavábamos tendíamos encima de las matas de marabú.

Mi abuelo me hizo mi primer azadón para que lo ayudara a limpiar el jardín y con él sembré mi primera mata de mandarina. Mi abuelo me guardaba las mejores guayabas. Mi abuelo año tras año nos alimentó a todos, y abonó con tanto amor la tierra que, aún hoy, disfrutamos.

Robert Lanza dice que cuando morimos nuestra vida no se acaba, sino que se convierte en una flor perenne que vuelve a florecer en alguno de los múltiples universos posibles...

Pilar Sordo dice que llorar a un ser querido, más que por sufrimiento por esa persona, es por egoísmo propio de no saber cómo viviremos nosotros sin ellos...

Curro Aguilar dice que lo que nos hace sufrir es pensar que esa persona ha muerto, pero realmente lo que nos ataca es saber lo que nos falta a nosotros, los que nos quedamos aquí...

Yo digo entonces...

¿Qué cambia en nuestras vidas el hecho de que abuelo no esté?

No podremos verlo, no podremos besarlo, no podrá cantarnos... entonces, ¿el sufrimiento es por nosotros o por él?

Quiero recordarlo como el ser amoroso que es. Como el pilar de mi familia hermosa. Él y mi abuela, las razones por las que siempre estamos unidos, aunque las circunstancias a veces se empeñen y busquen lo contrario. Lo veremos renacer en una planta, en un animal, en el aire, a nuestro lado, al lado de nuestros hijos, mi abuelo está aquí, está conmigo, con nosotros. Hoy y ahora, que es el instante santo que poseemos y el único que tenemos.

Lo que estamos haciendo aquí no debe ser por sufrimiento, ES POR AMOR. Estamos devolviendo a la fuente, al Universo, a Dios... toda la generosidad que él nos dio, estamos agradeciendo por cada momento, por cada lección aprendida, por cada día que hemos sido dichosos de tenerlo.

Mi abuelo es luz. Por eso pido, en nombre de toda la felicidad que le debemos que lo dejemos descansar en paz.

Amén.

BIENVENIDO PAPÁ

Queridos padres:

Llevo par de horas tratando de encontrar las palabras precisas. Queriendo agradecer, comprender, dar testimonio, y realmente he creado bien poco.

Es entonces cuando me doy cuenta, que aún cuando pretendo seguir el camino de una crianza diferente, la información que tengo en mis células de la importancia de los padres, se basa en la protección y soporte, en el "sujeto proveedor de necesidades".

Por fortuna, me ha tocado disfrutar de varias generaciones en las que, paulatinamente, esos patrones han ido evolucionando. Desde mi abuelo, mi padre, mi tío, mi esposo, mi hijo.

Cada vez los padres se están involucrando más activamente en la crianza de los hijos. Los roles se entrelazan, y si bien es cierto que en la primera infancia el vínculo con la madre es más fuerte biológicamente, se hace más notable la presencia de los hombres, en actividades que antes solo implicaban a las mujeres.

Hay mucho que sanar, incluso las madres debemos aprender a compartir las emociones, las decisiones, las preocupaciones, y no cargar con ellas porque "nos toca" y "los padres están muy ocupados buscando el sustento". Ni nosotras tenemos claro cómo hacer eso, porque no es lo que nos enseñaron, no es lo que sabemos.

Pido perdón si siempre he dado un giro femenino al asunto, la realidad es que hablo de mi percepción, de mi experiencia, desde mi ego que aparta a Adrián y no ha tenido en cuenta que sin él, las cosas por aquí serían muy diferentes.

Desde el amor y la unidad, estaremos potenciando la humanidad de nuestros hijos. Aunque haya roles, enseñemos que también hay complementos. Seamos de amor firme ante el medio que presiona y predispone. Que nuestros hijos crezcan en un ambiente emocional estable, aún cuando sean padres separados. Que la rudeza de lo social no sea motivo para alejarnos de la escucha interior y el encuentro con el instinto.

Amar es el milagro, no es una frase maternal o paternal, es la fusión, es el grito, la esencia del ser. Es el refugio, la paz y la calma. Amar, desde todos los latidos, que a fin de cuentas, ahí, en el interior, en el alma, no hay diferencia. Amemos a nuestros hijos desde ese lugar, desde esa luz, desde esa intimidad que nos hace uno.

¡Gracias por estar y por todo lo que das!
¡Feliz día!

La mamá de Lucas

Seguramente, al igual que yo, muchas veces te has hecho esta pregunta:

¿Cuál es el sentido de mi vida?

Cuando Lucas nació y atravesamos por todos nuestros "conflictos", aparecieron muchos por qué, que solo me llevaron a sufrimiento, a sentirme víctima, a sorprenderme, 1 de cada 50 000 niños en Cuba nacen con Fenilcetonuria, las probabilidades son muy pequeñas y nosotros fuimos parte de ese por ciento pequeñito.

Cuando acepté la situación, vi la evolución positiva de mi bebé y amé ser madre más que nada en el mundo, con la ayuda de amigos y familia, entendí que no era por qué me tocó a mí, la pregunta correcta es para qué.

Y ahí aparecieron todas las respuestas, todos los propósitos, todas las formas de compartir el saber. Entonces sí, mi propósito de vida es ayudar a las personas a percibir diferente, a mirar más adentro, a no echar la culpa afuera, a amarse más, a convencerse de que cada cosa sucede por una razón y en el momento preciso.

IKIGAI se traduce como "tu razón de ser", es una técnica japonesa que nace en una isla llamada Okinawa, en este lugar, hay más personas mayores de 100 años por 100 000 habitantes que en cualquier otra región del planeta, así que ha sido objeto de investigación de muchos curiosos. Encontrar eso que te mueve el alma, que disfrutas, que te hace feliz y no sientes jamás como sacrificio.

Todos lo tenemos, lo que no todos lo descubrimos. Requiere de un autoconocimiento, de ir a lo más profundo, de encontrar incluso, una solución en medio del mayor de los problemas.

Si aún no lo tienes claro, pretendo ayudarte a comenzar el camino. Toma papel y lápiz y dibuja 4 círculos como ves en la figura.

1. Lo que amas
2. Lo que necesita el mundo
3. Por lo que te pueden pagar
4. En lo que eres bueno

Comencemos ahora a descifrar las relaciones entre ellos:

1.2 – Cuando amas lo que haces y el mundo lo necesita es misión

2.3 – Cuando el mundo lo necesita y te pagan por eso es vocación

3.4 – Cuando te pueden pagar por eso y eres bueno es profesión

4.1 – Cuando eres bueno en lo que haces y lo amas es pasión

Ahora, te darás cuenta, que en algunos puntos se unirán tres círculos y estos también nos dan una idea de por dónde vamos:

1.2.3 – Lo amas, lo necesita el mundo, te pueden pagar por eso pero no eres bueno en ello:

Sientes entusiasmo, ganas de hacer, complacencia, pero sensación de incertidumbre. Probablemente estés bien cerca porque si te lo propones, solo necesitarás prepararte en ello.

2.3.4 – El mundo lo necesita, te pueden pagar por ello, eres bueno en eso, pero no lo amas:
Te sentirás confortable, pero con una sensación de vacío, y siempre tendrás la creencia de que necesitas otra cosa para ser feliz.

3.4.1 – Te pueden pagar por eso, eres bueno en lo que haces y lo amas, pero el mundo no lo necesita:
Te sentirás satisfecho, pero con sentimiento de inutilidad. En este punto también estás cerca, porque todos tenemos algo que aportar, más cuando sientes un amor profundo por lo que haces, así que tocará cambiar un poco la percepción.

4.1.2 – Eres bueno en lo que haces, lo amas y el mundo lo necesita pero no te pueden pagar por ello:
Te sentirás pleno, con sentido de goce y realización pero sin riqueza.

En mi caso, que ya encontré mi IKIGAI, sería:
Lo que amas: ayudar a los demás.
Lo que el mundo necesita: más amor y menos juicio en lo que eres bueno: comunicando.
Por lo que te pueden pagar: ¿el blog? Esta parte la tengo pendiente pero lo encontraré. Tengo la certeza. En el trayecto aparecerán muchos miedos, muchas dudas, muchos juicios, muchos... sí, claro, pero también hay que comer, porque de amor no se vive y entiendo. Pero no por eso te alejes de tu camino. En la vida tendremos que asumir algunos retos, pasar por diferentes experiencias, aprender de las cosas que luego "no vamos a utilizar", pero todo, escúchame bien, TODO, tiene un propósito.

Hay expertos que hablan sobre Trabajos de transición, son aquellos empleos que aunque no sean lo que quieres, que te permiten una fuente económica, esos trabajos, también hay que agradecerlos y utilizarlos el tiempo que decidas para que puedas emprender otro viaje. No te estanques, no tengas miedo a fallar. Antes de pensar cuánto podrás ganar, piensa que ya eres abundante, que tienes todo lo que necesitas en tu vida. No se trata de forzar, se trata de fluir.

Si te fijas de las 4 posiciones posibles en las que te puedes encontrar, solo hay una que no podrás superar: cuando seas bueno en algo, te paguen por eso, el mundo lo necesita pero tú no lo ames, ciertamente terminarás frustrado y con sensación de vacío, esa tarea déjasela a otro, a fin de cuentas, el objetivo aquí no es vivir los 100 años como en Okinawa haciendo algo que no te gusta, es vivir, el tiempo que nos toque, haciendo lo que nos hace feliz.

¿QUÉ LE DICES A TU HIJO?

Acababa Lucas de decirme "Mamá, cierra los ojos", lo próximo que sentí fue un pedazo de goma en la cara. Me encolericé. Le quité la pistola. Lo miré y le pregunté, con los decibeles bastante elevados:

—¿Por qué hiciste eso? ¿Mamá no te ha dicho que no se tira a la cara? ¡Respóndeme!

Lucas solo miraba mi cara y estrujaba la de él. Y yo iba entendiendo que no me había dolido tanto y que la ráfaga de información que le estaba soltando con mis palabras podrían no tener vuelta atrás.

Así que me levanté de mi posición de mamá que "grita e impone respeto", me puse a su altura y le dije:

—Perdóname por gritarte, realmente a mamá le dolió.

—No lo haré más, mamá. Lo siento.

¡Pa qué fue aquello! Me corrompió la culpa. Los niños son tan sabios.

Aquí había dos lecciones importantes que aprender:

1. No estaba entendiendo/atendiendo la necesidad que tenía mi hijo de llamar mi atención.

2. Aun cuando corresponde disciplinar con firmeza, podemos hacerlo desde la paz.

Mi suerte: había leído mucho sobre el poder que tienen las palabras en la conducta de nuestros hijos, y esos "gritos", pasaron un primer filtro de lo que iba a decir. Tú eres la persona que más ama a tu hijo y te encargas de decírselo muchas veces al día. Durante los primeros años, y me atrevo a decir que mucho más allá, ellos no ven defectos, somos sus "prototipos salvadores", razón por la cual nos dan tantas oportunidades de enmendar, de re-aprender. Todo lo que le decimos a nuestros hijos ellos lo creen. Determinará su manera de actuar, su forma de percibir y de reaccionar.

Mis recomendaciones:

- Sé consciente de tu comportamiento, en qué condiciones pierdes la paciencia y qué desencadena tu enojo.
- Sal de la escena que te hizo estallar antes de gritar o lastimar. El autoconocimiento y la maternidad, definitivamente van de la mano. Si tomas dos segundos para controlar y preguntarte qué ganas con esa reacción, bastará para que lo percibas diferente, y esto no solo funciona con los hijos (hoy lo probé antes de protestarle a Adrián). Utiliza más el verbo ESTAR que el verbo SER. Parecerá una tontería, pero no se interpreta igual si dices: ¡Estás un poco indisciplinado! a ¡Eres indisciplinado! Si ya lanzaste el "Eres x" puedes salvar un poco la situación. Utiliza palabras como: ahora, hoy... Así dejas claro que el comportamiento es solo en este instante. Elimina las etiquetas negativas y los adjetivos calificativos que se refieran al carácter o a la capacidad del niño. ¿En serio no recuerdas algo que tus padres te dijeron mucho y terminaste creyéndolo? En lugar de utilizar palabras que juzguen, emplea palabras que describan la situación: "¡Ay,

se ensució el piso, te ayudo a limpiarlo!", "¡Mi amor, has derramado el agua, recuerda limpiar cuando termines!" Evita los cuantificadores: siempre y nunca. Además de generalizar y ser una exageración, el niño puede pensar y sentir que NADA de lo que hace está bien y, por lo tanto, perderá su fe en que una acción x pueda cambiar.

- En estos días, en los que no tenemos sitios a dónde huir, es el momento ideal para mirar puertas y corazón adentro. Ciertamente, habrá situaciones que cambien en la vida de nuestros hijos que, escaparán de nuestra zona de poder, sin embargo, nos debe quedar la conciencia y la satisfacción plena de que lo hicimos lo mejor que pudimos (como un árbol).

- Hay una frase que ha marcado un antes y un después en la educación que persigo y quiero terminar mi reflexión de hoy con ella:

"Si tu hijo se pudiera comer las palabras que le dices, ¿su alma sería nutrida o sería envenenada?"

MAMÁ VS COLAPSO

A unas horas de celebrar el Día de las Madres y adelantándome a la avalancha de felicitaciones que todos nos hacen, quiero contarte lo difícil que ha sido esta última semana para mí y te demostraré, además, por qué la felicitación y la admiración más profunda que necesitas es la tuya, no el segundo domingo de mayo sino, cada día de tu preciada vida.

En vísperas de organizar todos mis pendientes, hice una lista por cada uno de los proyectos profesionales y personales en los que deseaba trabajar. Terminó en 7 columnas, cada una con varios puntos a desarrollar y sin contar, por supuesto, con el capítulo Lucas y todos los epígrafes que lleva. Lo peor no fue percibir que tenía muchas que hacer, sino "pensar" en todo lo que tenía que hacer para llevarlas a cabo. Para organizarme con el blog necesitaba un cronograma de publicaciones. Para ayudar a las madres que escriben por el grupo necesitaba leer y documentarme. Para impulsar Behart necesitaba alcanzar a los artistas. Para apoyar a los emprendedores en Nehed necesitaba estudiar. Para pasar mi curso de Marketing necesitaba aprender. Para brindar calma a las personas que me acuden, necesitaba escuchar audios de espiritualidad. Para no engordar "feo" necesitaba hacer ejercicios. Para aprender inglés necesitaba estudiar. Para hablar de maternidad consciente y responsable necesitaba ser coherente y aplicarlo con Lucas.

Resultado final: colapso.

¿De dónde iba a sacar paz para dar si lo que tenía en la cabeza era una batalla?

Lo primero que hice fue armar el guion de mi película y escribirle a unas amigas, pero ya soy vieja en esto de superar las crisis y cuando me escuché diciéndoles y quejándome de todo lo que tenía que hacer, me di cuenta de que había un factor que estaba repitiendo: echando la culpa afuera.

Fue más fácil para mí poner la responsabilidad en todo lo que tenía pendiente que reconocer que estaba cocreando más de lo que podía sostener.

Así que hoy, luego de escuchar lo que mi bruja particular tenía para decirme y bañarme con todo un ritual de flores, velas, inciensos y meditación. Hoy, cuando yo fui consciente de que no debo descuidarme, no debo esperar al colapso para amarme y mimarme, hoy todos los proyectos siguen ahí, pero la carga en mi mente se disipó.

No tienes que poder con todo. Porque puedes permitirte sentirte cansada y abrumada, y no sentirte culpable por eso.

Sentir inseguridad, culpa y rabia solo llevan al descontrol, al malestar. Los obviamos y luego aparecen entonces, las dolencias que justificamos con haber dormido mal, con la llovizna, con... Los síntomas físicos siempre son un medio de comunicación. ¡Escucha a tu cuerpo!

Es normal sentir miedo. Cuando una situación nos recuerda el pasado, y creemos que así será en el futuro, eso se debe a que una parte de la mente es memoria y la otra imaginación, pero afortunadamente ninguna de las dos está ocurriendo en este preciso momento. Es importante reconocer que cuando te sientes así, no estás AHORA viviendo con la vida, sino con la mente y si tienes miedo por algo que no existe, el miedo también es imaginario. Mi regalo, para ti, para mí, es una recomendación. Haz un STOP y no pienses en todas lo que tienes que hacer, piensa que, si no controlas tus energías a tu favor, nada de lo que emprendas te saldrá bien, al contrario, tendrás que repetirlo varias veces.

Nunca te ha pasado que cuando más cansada estás, tú niño demanda más de tu atención o cuando terminas de limpiar y recoger exhausta a alguien se le bota un vaso de agua en el piso o simplemente se cae el cordel y se te vuelve a ensuciar la ropa. Pues sí, a mí antes me pasaba y me tiraba a llorar en plan: "de madre, con lo cansada que estoy, qué suerte"... pero, una enseñanza te la da hasta ese pajarito que te hace popó en la ropa cuando quieres llegar impecable a un lugar (dice Adri que este ejemplo está cursi pero a mí me parece el colmo de la "mala suerte")... esas cosas suceden siempre que estás al límite y no lo percibes y es precisamente para que pares, respires y te cuestiones qué NO estás haciendo por ti.

Entonces, personas bellas que me leen. A mimarse, respetarse, cuidarse, quererse, porque no es oración repetida de libro de autoayuda, es en serio: tú eres la persona más importante en tu vida.

Cree en ti.

Elógiate.

Perdona y perdónate.
Sé amable cuando te mires al espejo.
Expresa tus emociones.
Pide ayuda si la necesitas.
Acéptate tal y como eres.
Establece relaciones sanas.
Enfócate en las cosas positivas.
Intenta comprender en lugar de juzgar.
Evita compararte con los demás.
Coloca límites amorosos.

Regálate tiempo para consentirte, y si ya ibas a quejarte, te digo que el próximo artículo es de ideas para consentirte que no requieran dinero.

Cuidar de ti ayudará a integrarte, a ser coherente, poco a poco tus palabras y tus acciones coincidirán y ahí, podremos tener la carga y los pesos que sean, que sabremos cómo llevarlos e incluso, podremos decidir si no queremos cargar con ellos.

Aunque fue un artículo que no solo incluye a quienes tenemos hijos, dejo sutilmente mi bichito consciente. Para poder tener calma, paciencia, enfrentar las crisis familiares y solucionar los conflictos del día, necesitamos dedicarnos tiempo para cuidarnos nosotros mismos.

Los niños absorben nuestros estados emocionales, y según los psicólogos aprenden imitando NUESTRO comportamiento, entonces ¿por qué cuando un niño hace berrinche, está inquieto o demanda atención, insistimos en cambiar SU comportamiento?

Ahora sí ¡Feliz Día de las Madres!

Hace un tiempo, un ser de luz me habló sobre Hopo-nopono (hoponopono). La palabra casi impronunciable, pero hubo algo que no pude rechazar...

A veces nos resistimos a herramientas para relajarnos porque nos demandan tiempo, espacios silenciosos u otras técnicas que no seguimos. Con Hoponopono todo es diferente y creo que sería ideal aplicarlo primero con nosotros y luego en casa con nuestros niños.

El Hoponopono es una técnica de origen hawaiano, se basa en responsabilizarnos con nuestras emociones y la proyección de nuestras acciones. De corregir los pensamientos negativos ya hablamos en otro artículo. Aceptar esa idea es el primer paso para que la práctica del Hoponopono funcione. Cuando asumimos las cargas y dejamos que todo fluya, cuando aceptamos, es entonces cuando comenzamos a sanar, con todo eso que creemos que nos sobra y que realmente forma parte como un todo de nuestro ser.

Debemos hacer un compromiso diario. Es muy sencillo y a medida que la incorporemos en nuestras vidas, se irá convirtiendo en una práctica. Se basa en la repetición de estas cuatro frases que funcionan como mantras:

Perdón

Lo siento

Gracias

Te amo

¡Sí! Ya sé que puede parecer insensato. Les invito a buscar bibliografías más completas sobre este tema. Hoponopono significa "corregir un error" y fue creado por el terapeuta hawaiano Dr. Ihaleakala Hew Len, quien curó a un pabellón entero de pacientes desequilibrados mentales sin siquiera verlos. Se centra en la idea de reprogramar el subconsciente para discernir los conflictos que nos atormentan.

Cuando practicamos con estos mantras ante una persona, un lugar, un acontecimiento, realmente lo que estamos haciendo es pedir a la divinidad que limpie en nosotros todas aquellas creaciones en la mente que están contribuyendo a que se proyecte un problema.

Sucede que amarse a sí mismo es la mejor forma de mejorarse a sí mismo y, en la medida que te mejoras a ti mismo, mejora tu mundo.

Siéntete libre de nombrarlas en el orden que desees, incluso de utilizar solo las que consideres en el momento. Siendo consciente entonces, de que la paz comienza conmigo y con nadie más he integrado esta maravillosa practica a mi vida, y la extiendo a ustedes que me leen, por el amor que somos.

Lucas, hijo mío:

A veces me desespero,
A veces lloro,
A veces te grito,
A veces pierdo la paciencia,

A veces te castigo,
A veces no tengo ganas de jugar,
A veces no tengo ganas de cocinar,
A veces le digo a papá que se ocupe,
A veces te pido por favor que pares,
A veces te comparo,
A veces quiero que hagas lo que otros niños,
A veces te exijo que hagas cosas porque ya "deberías".

PERDÓN
Y siempre que experimento todos esos "a veces",
me siento culpable.

LO SIENTO
Porque eres lo mejor que me ha pasado en la vida,
Porque me enseñas,
Porque me das un propósito,
Porque me das fuerzas,
Porque me das motivos,
Porque me descubres las entrañas,
Porque me das lecciones de amor,
Porque no me juzgas,
Porque me amas,
Porque me haces feliz,
Porque me elegiste para ser tu mamá,
GRACIAS
Quiero que sepas que estoy aprendiendo,
Que no tengo todas las respuestas,
Que me equivoco,
Que tengo dudas,

Que quiero pensar antes de actuar,
Que quiero estar en calma para que tú lo estés,
Cada día mamá renace para estar en paz, para trasmitirte paz.
TE AMO

No hay libros suficientes para transitar en la maternidad. Pero ya aprendí que siempre que me enfado, pierdo. Ya aprendí que puedo permanecer en el rol de autoridad sin ser autoritaria. Ya aprendí que el propósito de esa posición de ira surge para abolirla en mí.

En este camino no importa qué estrategias utilicemos para criar a nuestros hijos. Nada es mejor o peor. Cada uno hacemos lo que mejor sabemos. Haz lo que funcione y lo que mejor se acomode en tu hogar, pero hazlo desde el amor, porque solo así podremos salvarnos.

LO QUE APRENDO DEL CORONAVIRUS

Han pasado varias semanas desde que el mundo entero está inmerso en la misma causa: ¿Cómo librarnos del Coronavirus?

Con el acceso a Internet que ya casi todos tenemos, hemos incrementado los métodos, las medidas, las percepciones, pero también el miedo, la incertidumbre, las dudas... leemos tantas noticias de medios no oficiales, que al menos a mí me causó rechazo saber del tema, por lo que decidí seguir solo las fuentes confiables —y lo justo para mantenernos coherentes con la situación.

Mi salida del trabajo (¿Cuánto cuesta perseguir un sueño?) se aparejó a la "temible" cuarentena. Y desde entonces, cada día en casa es un reto. No solo por el cúmulo de cosas que tenía pendiente para cuando tuviera tiempo libre, sino porque ahora tendría a Lucas un mes en casa. Tantas veces deseé tener tiempo para él que llegó un punto en el que no tuve idea de cuán complicado sería todo ahora. No es una tarea fácil, estoy segura de que no soy la única que ha gritado, se ha desesperado y ha creído que el hogar se ha convertido en una locura total.

Lucas no para de pedirme que lo acompañe. He perdido la cuenta de la cantidad de veces que me llama en el día, y si decido entrar a su cuarto y quedarme con él, de todas formas no funciona porque quiere que juegue y yo creía que solo con mi compañía le bastaba, así que podía estar leyendo, atenta al teléfono o escribiendo algo. Ayer, hicimos un calendario de actividades para organizar mejor los momentos del día, algunas son tareas que él puede realizar solo y en otras con mi compañía. Puedo asegurarles que ha sido completamente diferente. Aprendí a no enfadarme si me necesita, porque realmente me estoy enfadando por lo que quiero hacer y no puedo en ese momento, que tal cual le exijo que me atienda cuando necesito decirle algo, con todos los sentidos dispuestos en mí, así es como tengo que devolverle mi atención.

Gracias a todas las ideas que llegan desde el grupo *Amar es el Milagro* en Facebook hemos podido acompañarnos a crear, innovar y reinventarnos las estrategias para enseñarles, disfrutar y al mismo tiempo recuperar nuestro propio poder personal para trasmitirles a nuestros hijos, la seguridad y la confianza que necesitan.

El tema Lucas lo tenía casi resuelto y digo casi porque bien sabemos que ellos se las arreglan para enseñarnos cosas nuevas a cada momento. Entendí, que no se trata de una presencia física, se trata de una conexión emocional, de dedicar tiempo de calidad. Sin embargo, me estaban quedando muchas dudas...

Decidí hacer una búsqueda de esas personas, como Enric Corbera, que tanta paz y sabiduría me ceden, quería saber qué y cómo estaban "enfrentando" esta etapa. La primera pregunta que me encontré fue: ¿Qué nos quiere trasmitir la vida con la crisis actual? Y justo entonces, respiré y conscientemente miré adentro y percibí que había llegado el momento de indagar qué cambios estaban ocurriendo en mi vida además de, aprender a lavarme mejor las manos.

Todos deseamos vacaciones, espacio, un sofá, una peli en pijama. Todos queremos limpiar ese closet que nunca tocamos, arreglar esa ropa, lavar las cortinas, leer esos libros pendientes, hacer aquella receta…, pero nunca "tenemos tiempo". Ahora nos sobra el tiempo y seguimos postergando pendientes y buscando nuevas razones para enredarnos. Les tengo una noticia, esas cosas no las hacíamos simplemente porque NO PRIORIZÁBAMOS hacerlas, pero es más fácil buscar culpables, problemas y justificarnos, ¡en eso sí que somos buenos!

Cada día aumentan las estadísticas de infestados, de muertes, tal parece que esto no termina y nosotros seguimos buscando afuera y opinando qué deben hacer las autoridades para salvarnos, qué están haciendo bien y mal las naciones.

Estamos en un momento crucial para la humanidad. No importan las fronteras, las clases sociales, las ideologías. No hay seres especiales. Dejemos de creer que estamos separados. No hay superioridad aquí. Sobra un estornudo para que caigamos, todos, en la misma "trampa".

Desnudo el ruido en mi mente y expongo las preguntas que me he hecho en estos días. Les pido, en la medida de lo posible, que se las respondan internamente y si necesitan despojarse de tantas cargas, estoy dispuesta para recibirlas a través de mi correo, quizás podamos hacer, virtualmente, una terapia que nos revitalice. Solo el hecho de ser conscientes de los pensamientos que elegimos, nos estará sanando.

¿Cuáles son las prioridades de mi vida?

¿Qué quiero transmitirle a mi hijo?

¿En qué quiero emplear mi tiempo?

¿Cuál es el nivel de importancia que le estoy dando a mis cosas?

¿De qué forma no tengo en cuenta a quienes están conmigo?

¿De cuántas maneras no me tengo en cuenta?

¿A cuántas personas tengo en mi vida de las que no me ocupo?

¿Cuántas de lo que prioricé anteriormente, me da la estabilidad emocional que hoy necesito?

¿De cuántas cosas materiales puedo prescindir?

¿Cómo puedo ayudar al planeta?

Confío y espero con certeza que muchas cosas cambien porque no creo que tengamos otras situaciones como estas que nos den la posibilidad de transcender. La oportunidad de transformar una situación mortal en un momento de conexión increíble, contigo y con todos los seres que amas.

La Tierra nos está obligando a parar. El universo nos pide a gritos que reconectemos con nuestra esencia. ¡DESPERTEMOS! Paremos de mirar afuera y miremos dentro.

¡COMENCEMOS A SER EL CAMBIO QUE QUEREMOS VER EN EL MUNDO!

A propósito de la encuesta que hicimos en Facebook, donde debíamos hacerles una serie de preguntas a nuestros pequeños, me llamó mucho la atención la frase con la que cada mami compartía el post. La mayoría escribieron que dudaron de si hacerlo o no, y que finalmente habían quedado muy sorprendidas con las respuestas.

La verdad es que a mí me pasó exactamente lo mismo, y si les soy sincera, lo que me pasaba era que temía que Lucas no respondiera, no me hiciera caso, no entendiera incluso de lo que yo le estaba hablando, y si así hubiera sido, ¿cómo yo habría reaccionado? Seguramente lo hubiera comparado con otros niños y me hubiera sentido tremendamente mal, solo porque el mío no hizo lo que los demás hicieron.

Entre que la sociedad nos tiene más que entrenados con las competiciones y los hábitos impuestos, que además recibimos mientras criamos los consejos que pedimos, los que no pedimos, los que la gente quiere, los que se imaginan que queremos... todos opinan con una seguridad que nos da hasta miedo no seguir los consejos, es una locura toda la información que nos cae encima una vez que llegamos a este camino.

Por esa razón les quiero compartir algo hermoso que encontré... Se trata de una carta viral de una pediatra a una madre, y que si bien no está con palabras súper rebuscadas, para mi marca la esencia de lo que verdaderamente importa.

"Lo mejor no es el pecho. Lo mejor no es tampoco el biberón.

Lo mejor no es que lo cojas. Lo mejor tampoco es que lo dejes de coger.

Lo mejor no es que lo tumbes así. Lo mejor tampoco es que lo tumbes del otro modo.

Lo mejor no es que lo tapes de una forma. Lo mejor tampoco es que lo tapes de la otra forma.

Lo mejor no es que lo abrigues con esto. Lo mejor tampoco es que lo abrigues con aquello.

Lo mejor no es que le des purés. Lo mejor tampoco es que le des trozos.

Lo mejor no es lo que te dice tu madre. Lo mejor tampoco es lo que te dice tu amiga.

Lo mejor no es que esté con una niñera. Lo mejor tampoco es que vaya a la guardería o esté con los abuelos.

Lo mejor no es que siga ese tipo de crianza. Lo mejor tampoco es que siga ese otro estilo de crianza.

¿Sabes lo que realmente es lo mejor?

Lo mejor es lo que a ti te hace sentir mejor.

Lo mejor es lo que tu instinto te dice que es mejor.

Lo mejor es lo que a ti te ayuda a estar bien también.

Lo mejor es lo que te permite a ti ser feliz con tu familia.

Porque si tú te sientes segura, ellos también se sienten seguros.

Porque si tú crees que lo estás haciendo bien, tu tranquilidad y felicidad les llega a ellos.

Porque si tú estás bien, ellos reciben lo mejor. Porque lo mejor eres tú."

Detrás de una mamá en calma siempre habrá un niño feliz. Tenemos el amor y el poder de acompañar a nuestros hijos en un camino de paz. Pero primero debemos asimilar que cada niño es único, cada uno crece y aprende a su propio tiempo y segundo debemos comprender que cada una de nosotras hace lo mejor que puede, y que esto es un aprendizaje mutuo. Si logramos fortalecer la confianza en ellos mismos y su amor propio, crecerán como personas capaces de lidiar con las adversidades que se encuentren. Como dice Enric Corbera, "que se amen y luego, que sean lo que quieran".

Anexos

Variables dietéticas incluidas en la Tabla de Composición de Alimentos Cubanos

La mayor parte de la composición de los alimentos incluidos en la TCA se tomó de varias tablas disponibles de calidad reconocida internacionalmente (10).

Energía (kcal)	Vitamina E (ug)
Proteína total (g)	Vitamina A- Total (ug)
Proteína animal (g)	Retinol (ug)
Proteína vegetal (g)	Carotenos (ug)
Grasa total (g)	Tiamina (mg)
Grasa animal (g)	Niacina (mg)
Grasa vegetal (g)	Riboflavina (mg)
Ácidos grasos saturados (g)	Ácido fólico (ug)
Ácidos grasos poliinsaturados (g)	Vitamina C (mg)
Ácidos grasos esenciales (g)	Calcio (mg)
Colesterol (mg)	Fósforo (mg)
Carbohidratos totales (g)	Sodio (mg)
Polisacáridos (g)	Potasio (mg)
Mono y disacáridos (g)	Hierro (mg)
Sacarosa (g)	Cobre (mg)
Fibra cruda (g)	Cinc (mg)
Aminoácidos esenciales (mg)	

Lista de alimentos y equivalentes
para los pacientes con fenilcetonuria

Cereales y tubérculos

Alimento	Medida casera	Peso (g o ml)	Fenila-lanina (mg)	Tirosina (mg)	Proteína	Energía
Arroz blanco	2 Cda	26 g	32	20	0.6	33
Palomitas de maíz simples	2/3 taza	4 g	26	22	0.5	15
Papa	¼ taza	30 g	31	26	0.7	33

Grasas

Alimento	Medida casera	Peso (g o ml)	Fenilala-nina (mg)	Tirosina (mg)	Proteína	Energía
Aceite vegetal	1 Cda	14 g	0	0	0.1	120
Aceitunas	2 piezas	10 g	4	4	0.2	15
Mantequilla (barra)	1 Cda	14 g	6	6	0.1	101
Margarina	1 Cda	14 g	5	5	0.1	102

Frutas

Alimento	Medida casera	Peso (g o ml)	Fenilalanina (mg)	Tirosina (mg)	Proteína	Energía
Aguacate	1 Cda + 2 cdita	23 g	17	12	0.5	38
Cereza	⅓ taza	48 g	13	5	0.6	34
Ciruela pasa deshidratada	3 piezas	25 g	15	6	0.7	60
Durazno en almíbar	½ taza	128 g	18	16	0.6	95
Fresas	½ taza	74 g	13	16	0.5	23
Jugo de naranja	1 taza (8oz)	240 ml	17	7	1.5	105
Jugo de piña	½ taza (4oz)	120 ml	15	13	0.5	65
Jugo de toronja	½ taza (4oz)	120 ml	19	13	0.6	48
Jugo de uva	½ taza (4oz)	120 ml	15	4	0.7	78
Kiwi	2/3 pieza	50 g	16	13	0.5	31
Mandarina	1 pieza mediana	84 g	18	9	0.5	37
Mango en rebanadas	½ taza	82 g	14	9	0.4	54
Melón	⅓ taza	53 g	13	8	0.5	18
Naranja (en hollejos)	¼ taza	45 g	14	7	0.4	54
Papaya	1 taza	140 g	13	7	0.9	54
Pasitas	2 Cda	18 g	12	11	0.6	97
Piña picada	¾ taza	116 g	14	14	0.4	58
Piña picada en almíbar	¾ taza	191 g	17	15	0.8	149

Uvas con cascara	¾ taza	120 g	16	14	0.8	86
Uvas sin cáscara	1 taza	92 g	12	10	0.6	58

Verduras

Alimento	Medida casera	Peso (g o ml)	Fenila- lanina (mg)	Tirosina (mg)	Proteí- na	Energía
Apio coci- do	½ taza	75 g	11	5	0.4	11
Apio crudo	½ taza	60 g	11	5	0.4	9
Brócoli co- cido	2 Cda	20 g	18	13	0.6	6
Brócoli crudo	3 cdita	16 g	14	7	0.3	3

Recomendaciones de lecturas

ÁLVAREZ, RODOLFO RAMOS. *Breve manual de apoyo a padres debutantes en la Fenilcetonuria*. Granada: Universidad de Granada, 2007.

PLASENCIA, DRA. LIGIA MARÍA MARCOS. *Soporte alimentario, nutrimental y metabólico de los fenilcetonúricos en Cuba*. La Habana: s.n., 2010.

For the parents with a newborn baby with PKU. 2007.

Federación Española de Enfermedades Metabólicas. Revista Federación Web. [En línea] marzo de 2016. [Citado el: 11 de noviembre de 2018.] www.metabolicos.es.

MARCOS PLASENCIA, LIGIA MARÍA. *Soporte Alimentario, Nutrimental y Metabólico de los fenilcetonúricos en Cuba*. La Habana: s.n., 2010. pág. 144, Tesis de doctorado.

METABOLISMO, SOCIEDAD ESPAÑOLA DE ERRORES INNATOS DEL. *Dieta en las hiperfenilalaninemias-fenilcetonuria*. [PDF] España, España: s.n., 28 de abril de 2004. 27_protocolo_pku.

SOCIAL, INSTITUTO MEXICANO DEL SEGURO. *Tratamiento dietético nutricional del paciente pediátrico y adolescente con fenilcetonuria*. México, México: Dirección de prestaciones médicas, 2016.

SEVILLA, NANY. HUFFPOST. HUFFPOST. [En línea] 29 de junio de 2016. [Citado el: 31 de mayo de 2019.] https://www.huffpost.com/entry/beneficios-ser-vegetariano_b_7687050?utm_hp_ref=vida.

PITA-RODRÍGUEZ, GISELA MARÍA. Tabla de composición de alimentos utilizados en Cuba. Instituto Nacional de Higiene, Epidemiología y Microbiología. La Habana: s.n., 2013.

Alimentos y sus propiedades. Descubre cuáles son las pro-piedades nutricionales que tienen los alimentos. [En línea] [Citado el: 10 de junio de 2019.] https://alimentos.org.es/proteinas-tomate.

Made in the USA
Columbia, SC
17 November 2024

46670148R00115